행여,
깨달음을
얻으시려거든
(관음과 수식관 氣)

행여, 깨달음을 얻으시려거든

초판인쇄 2009년 6월 5일
초판발행 2009년 6월 15일

지은이 김성갑
펴낸이 소광호
펴낸곳 관음출판사

주 소 130-070 서울시 동대문구 용두동 751-14 광성빌딩 3층
전 화 02) 921-8434, 929-3470
팩 스 02) 929-3470

등 록 1993. 4. 8 제1-1504호

정가 12,000원

[머리말]

　나란 무엇인가? 이 몸뚱이가 나다. 4지(四肢)에서 시작하여 머리부터 발끝까지 육신이 나의 전부다. 그리고 두뇌는 세상의 모든 정보를 종합하고 정리하여 나의 삶을 이끌고 있다. 내 생각은 행운과 즐거움을 주기도 하지만 계산착오는 어이없는 실수를 유발하여 내게 손해를 입힌다. 혹 재수가 좋아 로또라도 당첨된다면 그것은 내가 만든 우연의 일치며 기적일 따름이다.

　그런데 '내안에 또 다른 큰 나'가 있다면 믿을 수 있을까? 더구나 그것이 하느님과 연결되어 있고 부처의 씨앗이라면 황당하게 들릴 것이다. 하느님이란 누구인가, 우리에게 생명을 선사하고 평화를 축복해 주며 쾌락과 행복을 무한정 줄 수 있는 왕 중의 왕 아니던가!

　그럼 부처란 무엇인가? 부처는 인격체의 하느님도 아니고 비인격체의 신(神)도 아니다. 그 자리는 말과 문자를 떠난 격외도리다.

위대한 실체인 하느님의 일부가, 부처의 씨앗이 내 몸 안 깊은 곳에 자리를 잡고 있다니 이런 행운이 또 있을 수 없다. 믿을 수 없는 일이지만 수행으로써 그들을 확인할 수 있다니 문득 도전하고픈 충동이 생긴다.

확인뿐만 아니라 내가 하느님의 아들이 될 수도 있고, 내가 부처가 될 수도 있다면 한번쯤 인생을 걸고 해봄직도 하지 않은가.

사찰의 스님이나 가톨릭의 사제는 모두가 고행승이다. 출가동기야 각기 다르겠지만 어떻든 궁극적인 목적은 바로 이것이 아니겠는가! 특히 동물의 최대 본능인 성(性)생활과 모든 향락을 포기하고 이 길로 나선다는 것은 존재의 근원에 이르기 위한 사투인 것이다.

이 모든 것의 모범답안은 석가부처다. 그 누구도 해내지 못한 엄청난 비밀의 세계를 몸소 체험하고 그것들을 우리에게 제시하고 있다.

석가부처는 나서 죽는(是生滅法) 상대적 존재인 육신에서 나지 않고 죽지 않는(不生不滅) 절대적 존재인 진리의 세계(니르바나)를 찾았다. 그래서 부처가 되었다. 그것은 하늘의 이치(眞理)며 깨달음이다. 이들은 법력의 원천이며 그 자체인 니르바나(열반)다.

그러나 오늘의 불교는 석가부처의 구경(究竟)의 가르침과는 거리가 멀다. 부처의 신상(身像)을 만들어 모셔놓고 절을 하고 있다. 그리고는 예불(禮佛)이라며 승속(僧俗)의 구분 없이 신앙의 최고 가치로 존중한다.

이것은 석가부처도 모르는 일이요 가르친 바도 없다. 예불이 성도(成道)의 중심이라고 생각하지만 깨달음은 성불(成佛)이지 예불이 결코 아니다.

기독교도 마찬가지다. '육신의 나'에서 성령(聖靈)으로 거듭난 예수 그리스도의 신앙사상과는 별도다. 십자가와 예수의 신상(身像)을 모셔놓은 웅장한 건물 속 교회에서 장엄하고 엄숙한 미사로 예수의 가르침을 되새긴다.

하지만 변질된 일부종파는 일신교로 타락하여 '내 가족 내 친지'의 복을 빈다. 그래서 기복(祈福)신앙이 되었다. 이것 역시 그리스도 예수는 가르친 일도 없고 시킨 바도 없다.

이름난 교회 앞마당에, 소문난 불교선원의 주차장에 고급승용차와 외제차가 즐비하다. 하느님에게, 부처님에게 기도하고 공양하는 것이 복(福)을 짓는 것이라며 하루도 빠짐없이 출근한다.

신앙을 가지는 것은 좋은 일이다. 그러나 기복(祈福)을 추구하는 행위는 복(福)을 짓기 보다는 오히려 복을 깎아먹는 행위와도 같다. 한결같은 신심의 그 기도와 예불이 과연 그들의 뜻과 같을 수 있을지…

신앙생활은 어디에 소속되어 매여져야 되는 것으로 아는데 그것은 잘못이다. 하늘의 이치인 진리(眞理)를 찾아 자유인이 되자는 것이 신앙이다. 어디에 매이는 것은 노예가 되는 것이지 자유가 아니다.

우리는 석가와 예수가 살던 시대로 되돌아 가야한다. 그들이 목숨을 걸고 추구했던 깨달음의 법(法)과 신앙사상을 부활시켜야 한다. 그래야만이 우리도 하느님이 되고 부처가 될 수 있는 길을 발견할 수 있다.

석가, 예수의 진리의 말씀과는 거리가 먼 오늘의 고등종교는 사실적으로 기복신앙이다. 수행자라면 마땅히 나지 않고 죽지 않는 영원한 생명의 절대 진리를 찾아 매진해야 할 것이다.

이 책이 나오기까지 일심으로 도와주신 박옥봉변호사, 정유철 치과원장 그리고 교정을 도와주신 여러 법사님들의 노고에 감사드리며 아울러 졸저 〈빙의령이여, 어디서 오는가?〉 애독자 여러분께 심심한 사의를 표합니다.

2009년 6월 15일
인사동 우거에서

[차 례]

1장. 명상과 선(禪)
1) 명상 / 16
2) 선(禪) / 22
3) 단전호흡 / 27
4) 묵조선과 서양철학 / 36

2장. 정신통일
1) 관법(觀法) / 44
2) 관법의 / 47
3) 삼매(三昧)와 트랜스 / 51
4) 무기(無記)와 혼침(昏沈) / 57

3장. 전등(傳燈)
1) 깨달음은 법력의 지속이다. / 67
2) 참 스승 / 71
3) 눈먼 자와 눈뜬 자 / 74
5) 이미 알고 계시는 하느님, 부처님 / 89
4) 일심(一心)과 무심(無心) / 82

6) 고수(高手)만이 고수를 알아본다. / 91
7) 수행은 구체적이며 객관성이 보장되어야 한다. / 94

4장. 맑음

1) 아즈나 챠크라 / 104
2) 용천혈 / 108
3) 하늘의 소리, 관음(觀音) / 112
4) 하늘의 세계 1 / 117
5) 하늘의 세계 2 / 122
6) 조사어록 / 127

5장. 견성(見性)

1) 묘한 촉감 / 136
2) 배부른 사자가 얼룩말 보듯이 / 140
3) 소리와 빛 / 146
4) 천목광장(天目廣場) / 149
5) 이론가들 / 160
6) 기복신앙 / 165

6장. 대승법문
    1) 소승과 대승 그리고 초대승 / 175
    2) 도덕불감증 / 188
    3) 공(空) 1 / 192
    4) 공(空) 2 / 195

7장. 보림(保任)
    1) 무위자연(無爲自然) / 203
    2) 선악과(善惡果) / 209
    3) 자성(自性)과 법신(法身) / 212
    4) 분별심 1 / 217
    5) 분별심 2 / 221
    6) 분별심 3 / 224
    7) 분별심 4 / 228

8장. 니르바나(Nirvana)
    1) 상대계와 절대계 / 237
    2) 깨달음으로 가는 길 / 243

3) 하늘의 이치 / 253

9장. 관음(觀音)수행
프롤로그 / 261
기(氣)수련과 제 3의 눈 / 263

1. 명상과 선(禪)

1. 명상과 선(禪)

명상은 집중을 통하여 얻어지는 기쁨의 에너지다. 곧 평화의 생명력이다. 명상을 통하여 생명력의 근원인 생기(氣)를 체험하여 활력을 얻으면 육신의 건강은 물론 영혼의 청정을 가져온다.

한때 과학적으로 증명되지 않는다는 이유만으로 비 과학이며 무속의 일종으로 매도되었던 동양의 신비가 이제는 '무한 효능이 깃든 과학'으로 인정이 되어 서구(西歐)에서도 경탄하고 있다. 명상의 효능(效能)중에서 기(氣)를 얻을 수 있는 인도의 요가, 중국의 기공(氣功), 일본의 젠(Zen), 한국의 단전호흡(仙道)등은 서구인들이 즐겨 찾는 명상법이다.

최근 윈스콘시 대학의 연구진들은 명상(瞑想)중에 나타나는 뇌파의 에너지가 면역력을 강화하고 긍정적 감정을 주관하는 두뇌부위의 활동을 증진시킨다는 사실을 제시하였다. 또한 '사람이 갖게 되는 감정 상태에 따라 인체의 면역 시스

템의 반응도 달라지게 되어 우리의 건강에 영향을 미치게 된다'는 보고도 함께 나왔다.

그리고 명상은 마음의 심리상태를 변화시키며 몸속에서는 자연치유력의 에너지가 증폭된다고 서술하고 있다. 또 서구의 심리학자들은 명상(瞑想)이 반사회적인 심성을 바로 잡는다고 보고하고 있다.

지난날 비과학적이라는 이유만으로 무관심속에 과학의 대상에서 제외되었던 동양의 신비가 이제는 서양의 과학적인 입장에서 연구되어 점차 베일을 벗고 있다.

1) 명상

명상은 영혼의 휴식이다. 마음 깊은 곳에 자리 잡은 영혼의 꽃을 아름답게 활짝 피울 수 있는 계기가 된다. 그래서 머리도 맑아지며 의지력을 보다 강하게 할 수 있다. 더욱이 만성질환의 고통에서 또는 정신적인 스트레스에서 벗어날 수 있는 엔도르핀을 끊임없이 창출한다. 덕분에 면역체계를 활성

화하고 마음을 풍요롭게 하여 자연치유력을 증강시킨다.

　심리치료에 종사하는 세계적 전문가들은 명상을 통하여 육체적인 질환과 정신적인 장애를 치료한 사례를 심층 깊게 보고하고 있다. 현대를 살아가는 이들이라면 누구나 겪는 정신적 스트레스는 종합병원의 정신과(精神科)보다는 오히려 전문적인 심리치료사가 더욱 믿음이 간다.

　'오늘같이 포근한 날은 우리 모두 죽기가 너무나 좋은 날입니다. 자! 지금부터 죽음에 입 맞춥니다. 가만히 침대에 누워 죽음을 기다립니다. 죽음을 눈앞에 둔 우리들은 지난 생을 돌이켜보며 가족과 가까운 친지 그리고 나를 알고 있는 모든 이들에게 작별을 고해야 합니다. 즐거웠던 날들과 안타까웠던 날들을 회상해 봅시다. 그 중 가장 가슴 아팠던 기억을 떠올려 회상에 젖습니다. 가만히 두 손을 가슴에 올려 죽음을 떠 올리며 명상에 들어갑니다.'

　심리치료사는 자기최면의 특별한 이벤트를 명상이라는 이름을 걸고 최면을 유도한다. 참석자들로 하여금 지나간 아픈 기억을 떠올려 가슴속에 간직된 고통을 새삼 상기시키게 한다.

 그러면 잠시 후엔 참석자들은 뜻하지 않은 새로운 고통이 엄습하면서 숨이 막히는 통증을 각기 체험하며 신비의 세계를 경험한다. 이것은 마음 깊은 곳에 숨겨진 멍울이 표출되면서, 한 순간 카타르시스(자기해소)를 제공한다.

 심리치료요법은 현대의학이 풀어내지 못한 불치병과 만성질환을 아주 짧은 시간에 호전시켜 참석자들이나 동행한 이들에게 놀라움을 선사한다. 수년 동안 관절염으로 걷지 못하던 환자를 펄펄 뛰게 만들고 20년 동안 고질이었던 가슴앓이를 일순간에 감쪽같이 해소하기 도 한다.

 그러나 이러한 호전현상들은 모두가 일시적이다. 시간이 지나면 기적은 사라지면서 환부는 다시 제자리로 돌아와 옛날의 증상이 되풀이 된다. 그럼 다시 명상요법으로 전환해 보지만 두 번 다시 그러한 기적이 되풀이 되지 않는다. 그러나 현대의학이 포기한 환자들이다. 일시적으로 일어나는 기적의 현상이 비록 한번일지라도 심리치료사에게 박수를 보내고 싶다.

● 심리치료

고대인들은 질병의 원인을 악령(惡靈)의 탓으로 돌렸다. 귀신이 하는 짓이라거나 또는 귀신 그 자체라고 생각했다. 병이 생기면 주술사에게 의지하였으며 고대인들에게는 샤먼이 퇴마사(退魔使)인 동시에 의사였다.

황제내경은 동양의서 중에서 가장 오래된 문헌으로 질병의 원인과 치료를 체계적으로 정리하고 있다. 질병의 원인을 바깥의 기후나 풍토에서 기인한 외인(外因)과 음식물의 이상 혹은 심리적인 충격에서 오는 내인(內因)으로 구분하면서 샤머니즘에서 진보된 과학적인 소견이 완성된다.

현대인의 질병은 외과적인 부분을 제외하고는 스트레스성 질환이 대부분이다. 심리치료는 정신과의사의 보조적 치료에 기인한 정신과 환자 치료의 일종이다. 심리적 안정 상태에서 재활에 전념할 수 있도록 환자의 심리를 파악하고 능동적인 사고와 행동으로 안정 상태를 지속시킨다.

우울증이나 자괴감, 불안 등으로 사회생활이 불가능한 이들을 돕는 심리치료는 여러 가지 프로그램이 등장한다. 그 첫 번째가 조건 없는 사랑이다. 자기중심적인 이기주의가 상대를 증오하게 만들고 덩달아 자신의 영혼을 괴롭힌다. 두 번째가 범사(凡事)에 고마워함이다. 일상의 자질구레한 일들에게도 항상 고마워하는 자세는 자연의 너그러움에 푹 빠지게 한다.

그리고 이 모든 행위가 나로 인하여 발생한 것임을 인정하는 태도다. "내 탓이요, 내 탓이요, 내 큰 탓이로소이다!"는 가톨릭 참회기도문의 대미다. 이윽고 실행으로 옮겨간다. 패배주의의 극복이다. 패배주의를 극복하는 명상기법은 '나는 할 수 있다!'는 긍정적인 사고(思考)를 확장시키는 훈련이 가장 효과적이다.

난치병환자, 심지어 시한부 삶이라는 선고를 받은 말기암환자도 심리치료를 병행한 자연요법으로 거뜬히 사지(死地)에서 일어나 건강한 모습으로 주위를 놀라게 한다. 긍정적인 사고(思考)를 유발하는 자기최면은 아주 단순하다. 거울 속에 비친 본인의 모습을 보면서 '나는 건강한 육체를 만들 수 있다! 할 수 있다!'며 다짐하는 간단한 요법이다.

본인의 완쾌된 모습을 떠 올리는 의념요법은 명상이기보다 자기최면적이다. 환자뿐 아니라 성공을 목표로 정진하는 청년들에게 성공한 본인의 미래모습을 상상케 하는 심리요법은 그 나름대로 의미가 있다. 그러나 여기에 주의할 점이 있다. 눈을 감고 오랜 시간 집중하는 태도는 금물이다.

눈을 활짝 뜨고, 활기찬 목소리로 소리 높여 '나는 할 수 있다! 나는 할 수 있다!'라며 구호를 외치는 심리요법은 환자에게 긍정적인 마인드를 갖추게 하는 요법임에는 확실하다. 하지만 눈을 감고 장시간 자기최면에 빠지면 본인도 모르게 초자연계의 함정에 빠져 들기 쉽다. 초자연계는 신비와 신통이 난무하는 곳으로 길을 잘못 들면 본인도 모르게 빙의가 된다.

빙의란 악령(惡靈)이 내 몸에 깃든 것으로 접신(接神)의 전조현상이다. 무당의 영통(靈通)과는 다르게 가슴을 짓누르고 두통을 일으킨다. 잠을 재우지 않으며 항시 무엇에 쫓기듯 불안과 우울증을 대동한다. 환청(幻聽)과 환영(幻影) 속에서 귀신을 보고 또 그 공포에 빠진다.

어떠한 단체의 명상도 자기최면술이라고 절대로 말하지 않는다. 실제로 명상을 지도하고 심리치료를 관장하는 전문가들 역시 초자연계의 공포를 전혀 모르고 있다. 이러한 현실에 비추어 그 방법이 자기 최면적이고 의념을 유도하는 명상은 비록 심리치료라는 의학적 용어일지라도 당장 중지해야함을 잊지말아야한다.

2) 선(禪)

　서구명상이 마음의 병을 고치는 심리치료학이라면 참선(參禪)은 심신의 고통을 극복하거나 일상(日常)의 즐거움을 초월한다. 선(禪)은 질병치료를 목표하거나 혹은 의지를 단련시키는 비결은 결코 아니다. 서구명상과는 달리 인간의 본래 모습인 신(神)으로 거듭나는 길로써 깨달음이 목표다. 옛 사람들이 뼈와 살을 깎아가며 찾아간 그 고행의 길을 오늘의 수행자 역시 '무소의 뿔처럼 혼자서 간다.'

　선(禪)은 걸림이 없는 자유다. 그 어떤 것에도 붙잡히지 않는 걸림에서의 해탈이다. 이 세상에는 갖가지 욕망이 들끓고 있어 육신은 그 욕망의 불꽃에 사로잡혀 있다. 그래서 화택(火宅)이라 한다. 사람은 누구나 욕망을 외면하지 못하는 수성

(獸性)을 지니고 있다. 인간과 욕망은 숙명적인 관계로 연결되어 실타래처럼 얽혀있다.

사람들은 자유를 빙자하여 명예욕, 물욕, 권세욕 등등 그 밖의 자질구레한 욕망에 묶여서 오늘을 지낸다. 여기에 속박되어 있는 한 진정한 자유는 있을 수 없다. 진정한 자유는 무엇에도 걸리지 않는, 걸림이 없는 자유다. 돈과 명예 심지어 자기 목숨까지도 버릴 수 있는 초연함이 진정한 자유일 것이다.

들끓는 욕망, 그 번뇌의 근원은 내가 있다는 전제 아래서 출발한다. 진정한 자유는 일체(一切)의 굴레로부터의 해방이며 모든 속박으로부터의 탈출이다. '내가 시간에 의해서 부려지는 것이 아니라 그 시간을 내가 부린다.'

이것을 얻기 위해서는 수많은 속박이 나오는 속박의 그 근본을 잘라버리는데 있다. 곧 속박이 나오는 뿌리를 단절시켜 버리는 그 곳에 자유가 있다.

'나고 죽는 나를 버리면 열반의 기쁨에 잠긴다.'

諸行無常	모든 짓거리 덧없어라
是生滅法	이는 나고 죽는 것이니라
生滅滅己	나고 죽는 나를 없애면
寂滅爲樂	열반의 '참 나'로 기쁨이 충만하리라.

-대승열반경-

　

선(禪)은 영혼의 등급을 업그레이드한다. 영혼의 맑음이 법신(法身)이다. 법신이란 이미 만들어진 것이 아니라 수행을 통하여 만들어 지는 것이다. 법력은 법신의 맑음에서 나온다. 맑음이 곧 법력이다. 성서(聖書)에도 '어린이 같은 맑음'과 '맑음의 성령(聖靈)으로 거듭남'을 강조하고 있다.

선(禪)수행은 집중력을 높이면서 정신통일을 주도한다. 선(禪)은 인간형성, 인간단련에 가장 좋은 수행법이다. 이것은 복잡한 단계가 있는 것이 아니라 간단한 기초지식만 있으면 누구나 할 수 있다. 선(禪)수행으로 집중력이 강해지면 생명의 에너지(氣)가 축적되면서 신체의 구조가 변한다. 시냇물이 맑으면 바닥에 모래와 자갈이 보이듯이 영혼의 맑음은 눈에 보이지 않는 초자연계의 신비를 경험할 수 있다.

☯ 선(禪)의 길

선(禪)은 깨달음이다. 깨달음이란 과연 무엇인가? 그것은 진리(眞理)다. 하늘의 이치를 꿰뚫어보기 위해 수행자는 고독의 세계를 동경한다. 세속의 윤리와 도덕, 그리고 법률 등은 인간이 공존하기 위한 가상(假相)의 진리다. 그래서 선(禪)은 반사회적이며 반세속적인 면이 많이 있다.

이것을 찾아가는 첫 번째 길은 자기부정이다. 우리는 나에 대해서는 전혀 의심을 않는다. 그런데 삶이 괴로울 때면 나를 의심하게 된다. 이렇게 아프고 괴로운 이 나라는 게 도대체 뭣인가? 하고 나를 의심하고 부정하게 된다. 생각이 계기가 되면 자기의식의 출처를 찾아 내면으로 깊숙이 진입한다.

두뇌가 가지고 있는 지식과 견해는 선(禪)을 만나는 순간 무너지고 만다. 가만히 눈을 감고 정신을 통일하면 이 무너진 자아(自我)는 초자연계를 경험하면서 육신의 한계를 벗어난다.

'있는 것도 아니요, 있지 않는 것도 아닌' 초탈적인 상황이 연출된다. 육신은 가아(假我)이며 내 안에 또 다른 진아(眞我)를 인식한다. 이것이 자성(自性)이며 본성(本性)이다.

진아(眞我)를 찾기 위하여 일상을 등지고 고독속으로 들어간 선(禪)수행자는 본성(本性)과의 만남, 견성의 기쁨을 누린다. 이들은 '위대한 실체'며 그 뿌리가 나와 하나임을 인식하게 된다. 스토아 철학에서도 '인간은 각각 우주적 로고스의 한 부분을 갖고 있다.'며 자성(自性)을 다시 한 번 증명한다.

현실의 현상계는 상대세계다. 태어난 것은 언젠가 사라지는 유한적인 상대계에서 선(禪)수행자는 나지 않고 죽지 않는(不生不滅) 절대적 존재인 자성(自性)을 인식하게 된다. 육신의 한계 속에 있으면서 위대한 실체의 생생한 모습인 자성의 만남이 견성(見性)이다. 그로써 '우리는 누구에게나 부처가 될 수 있는 불성이 있음'을 재확인 할 수 있다.

현대인은 물질의 풍요만큼이나 높은 차원의 휴머니즘과 행복을 동경하지만 현실은 전혀 그렇지 못하다. 빈부(貧富)의 격차는 심하며 종교분쟁으로 세계는 테러의 공포에 휩쓸려 있다. 그리고 여유 없는 메마른 일상(日常)은 황혼의 권태로움을 이기지 못한 황혼자살을 방조하고 있다.

선(禪)은 인류를 양질(良質)의 인격체로 변화시킨다. 모든 것에서 자유로워지며 그 여유로움에서 행복과 포만감을 만낄 수 있다. 마음의 평화는 물론 재물도 오고, 명예도 오고, 사랑도 온다. 이것은 영혼의 맑음이 스스로 만들어 내는 자연의 창조다.

선(禪)의 목표는 깨달음이다. 깨달음의 세계는 너와 나의 구분이 없는 공간이다. 시간과 공간을 초월하며 '있는 것도 아니요, 있지 않는 것도 아닌' 불생불멸 불구부정 부증불감의 세계다.

3) 단전호흡

유아(乳兒)들은 아랫배 전체로 불룩불룩 숨을 쉬며 머리끝 두정(頭頂)이 소록소록 움직인다. 이처럼 우리 모두 어릴 때는 아랫배로 숨을 쉬면서 자라왔다. 그러다 점차 성장하면서 어느 날 부지불식간에 아랫배 호흡을 놓치고 가슴으로 쉬는 흉식호흡으로 습관이 된 것이다.

숨은 폐(肺)와 기관지의 역할로 흉식호흡을 당연하게 받아들이지만 그렇지가 않다. 신체의 1/3이상을 화상(火傷) 당하게 되면 생명이 위독하다. 이처럼 피부호흡과 하복부의 복식호흡이 어울려져야 만이 생명력을 높일 수 있다. 더구나 하복부의 복식호흡을 놓치면 세속의 탁함에 끄달려 스트레스성 질환에는 속수무책이 된다.

하복(下腹)의 복식호흡은 모든 세속의 탁함을 털어내고 어린이로 되돌아 갈 수 있는 원시반본의 호흡법이다. 복식호흡의 중요성은 만성 환자나 불치환자들의 투병기에 그 위용을 자랑한다. 복식호흡만으로 잃어버린 건강과 젊음을 되찾을 수도 있다. 그뿐 아니라 성악을 전공하는 가수들이나 우리노래 명창들 역시 그 기초는 복식호흡에 있다. 호흡의 깊이와 길이가 득음의 기본이다.

그럼 복식호흡과 단전호흡의 차이점은 무엇인가? 복식호흡이 단순한 하복호흡이라면 단전호흡은 정신집중을 모태로 하는 복식호흡이다. 그럼 단전(丹田)의 위치는 어디인가? 흔히들 단전은 배꼽아래 2치(寸) - 2.5치(寸)로 기해(己亥)혈과 석문(石門)혈로 거론하지만 그 위치는 별로 중요하지 않다.

왜냐하면 수행이 궤도에 올라 하복에 기(氣)가 충만하면 배꼽아래 전체가 하단전(下丹田)이 된다. 또 대주천의 시작인 백회(百會)혈이 열리면 온몸이 단전이 되니 굳이 위치를 논하기 보다는 초심자는 배꼽과 치골 중간정도로 인지하고 아랫배 전체로 숨을 쉬면된다.

서구명상이 심리치료학이라면 참선은 깨달음이 목표다. 그러면 단전호흡은 이들과 어떤 관계며 어떻게 다른지를 짚고 넘어갈 필요가 있다.

참선은 '구하지 말며 의지하지 말며 상(相)을 짓지 않는' 무심(無心)을 강조한다. 하지만 서구명상은 자기최면적인 요소가 많아 두뇌를 동원하여 상상의 그림을 그리는 것이 특징이다.

물론 치료사들의 경험적 강의와 과학적 이론을 토대로 하여 효험을 보는 것 또한 사실이다. 그러나 이들은 치료행위의 바탕위에 종교적인 요소를 가미하여 신비를 부추기는 경향이 다분히 있다.

'나와 남이 구분 없고 남(男)과 여(女)가 따로 없는 운명적 공동체'를 운영하는 프리섹스 왕국의 라즈니쉬가 대표적인 사례다. 예수의 두뇌를 가지고 부처의 가슴을 지닌 당대

최고의 생불(生佛)이라며 한때 미국의 젊은이들에게 감동을 준 그다. 결국 미 정부의 추방명령에 이삿짐을 쌓지만 아직도 추종자들은 명상과 심리치료로 여전히 건재하고 있다.

단전호흡은 비법이 없다. 불교는 팔만사천의 법어가 실재하지만 단전호흡은 수행의 요결이 전혀 전해오지 않는다. 저자 역시도 '왜 우리나라 고유의 심신수련법인 현묘지도(古神道)는 문헌으로 존재하지 않는가?' 수십 년 동안 의문에 빠져 있었다. 물론 '정북창의 용호비결'등 몇몇 가지가 있지만 그 수준은 미미하다.

그리고 기껏 내려오는 것이 "去 去 去 中知 行 行 行 理覺 가고 가고 가면 알아지고 행하고 행하고 행하면 하늘의 이치를 깨닫는"다고.

태양의 빛, 공기, 물은 생명의 원천이다. 이들에 대해서는 굳이 다른 설명이 필요 없다. 단전호흡도 이와 같다. 영육(靈肉)간의 생명의 근본이 단전호흡이다. 육신의 고통도, 영적인 장애도 어떤 것이든 간에 정신집중을 통한 복식호흡(단전호흡)으로 해결하지 못하는 것이 없다. 고로 명상이든 참선이든 단전호흡을 기초로 하지 않고는 소기의 성과를 이룰 수 없다.

부연하면, 인간의 두뇌는 온갖 생각을 만들고 그것을 말과 문자로 전해지게 한다. 그러나 단전(丹田)의 복식호흡은 두뇌의 정반대의 역할을 주선한다. 생각을 수렴하고 단순화하여 두뇌의 과부하로 인해 발생하는 온갖 스트레스성 질환을 치료할 수 있는 것이 단전호흡이다.

결국 단전은 두뇌의 휴식처이다. 덧붙여 말하면 전 세계에서 단전(丹田)이라는 용어는 우리나라-Korea 뿐이다. 물론 중국기공에서도 단전이라는 용어를 사용하지만 그것은 우리 것을 빌려 쓰고 있을 뿐 그들은 의념수련을 토대로 하는 자기최면식 기(氣)수련법이다.

"나라에서 본래 내려오는 도(道)가 있으니 그 이름이 현묘지도(古神道)이니라"

— 최치원의 석벽본 —

문) 단전호흡을 통한 기(氣)수련으로 깨달음을 얻을 수 있는가요?

답) 단전호흡이란 특별한 비법이 아니라 인체의 메커니즘 그 자체인 자연스러운 호흡법이다. 성장하면서 바뀐 흉식호흡이 가짜다. 이것을 원시반본하여 자연과 코-드를 맞추는 것이 현묘지도(古神道)의 수행체계다.

기(氣)수련이란 것 역시 특별하게 존재하는 것이 아니라 인체에 흐르는 전류가 감지되는 현상일 따름이다. 이것을 자기최면이나 의념수련으로 침소봉대하여 집중을 높이면 에너지의 느낌이 상승한다.
 이러한 기공수련은 잠깐 동안 질병이 완화되거나 건강해지고 있음을 착각할 수가 있다. 하지만 이것은 단지 부분적이고 일시적인 현상이다.

기(氣)를 최고며 전부로 생각하는 기(氣)지상주의자들은 산(山)기도를 통하여 신통을 얻으려는 무당과 오십보백보다. 그 이유는 인간의 힘으로는 초능력을 절대로 구사할 수 없기 때문이다.

치료나 퇴마능력은 오직 접신된 영(靈)의 힘일 따름이다. 물론 그 힘 역시도 언제나 한계가 있다. 또 과거를 볼 수 있고 미래를 점칠 수 있다고 주장하지만 그것은 사기성이 짙은 화술(話術)과 추측성 예측으로 혹세무민할 뿐이다.

기(氣)는 '있는 것도 아니요, 있지 않는 것도 아닌' 자연의 모습일 따름이다. 선방(禪房)에서는 기(氣)의 현상들을 마음법에 위배된다하여 외도(外道)로 인식하지만 그에 대해선 재고가 필요하다.

이처럼 기(氣)를 부정해도 문제지만 더욱 금기해야 할 것은 확대하거나 기공지상주의에 빠지면 절대 안 된다. 왜냐하면 기수련은 영계(靈界)와 바로 직결되기 때문이다. 영(靈)과의 접속은 빙의가 됨과 동시에 곧 접신(接神)이 된다.

고신도(古神道)수행은 단전호흡을 근간(根幹)으로 깊은 침묵의 정신통일이 바탕이 된다. 불가(佛家)의 참선이 요구하는 '구하지 말며 의지하지 말며 상(相)을 짓지 않는' 무심과 가는 길이 같다.
내가 없는 정신통일의 몰아(沒我)에서 무아(無我)로 진행되면 자연과 하나가 된다. 이때쯤이면 지혜가 깨달음의 그 길을 안내한다.

문) 단전호흡은 어떻게 하는 것인가요?

답) 단전호흡은 하복(下腹)의 단전과 호흡을 같이 집중하는 것을 원칙으로 한다. 그 다음단계는 수식관호흡이 수행을 이끈다. 처음에는 호흡이 우선인지, 단전의 관법이 먼저인지 아니면 숫자를 관하는 것이 중요한지 다소 혼란스럽다.
그러나 방법은 단 하나뿐, 숫자의 집중이 우선이다.

초기자세는 의자에 기대거나 누워서 하는 와선(臥禪)으로 한다. 앉아서 하는 좌선(坐禪)보다는 하복의 호흡이 쉽게 저절로 되는 까닭이다. 복식호흡과 단전호흡은 다 같은 아랫배 호흡이면서도 그 길이 다르다. 단전호흡은 반드시 집중을 해야 하며, 그 집중은 숫자를 헤아리는 것으로 먹이를 삼는다.

'숨을 들이쉬면서 아랫배를 불리며 하나-, 숨을 토하면서 아랫배를 내리면서 하나-
'숨을 들이쉬면서 아랫배를 불리며 둘-, 숨을 토하면서 아랫배를 내리면서 둘-
'숨을 들이쉬면서 아랫배를 불리며 셋-, 숨을 토하면서 아랫배를 내리면서 셋-'

숫자를 하나에서 열까지 세고 다시 하나로 돌아온다. 열하나, 열둘을 세지 않는 까닭은 나중에는, 종국에는 숫자까지 놓는 무심(無心)이 목표이기 때문이다.

숫자를 세다보면 생각이 떠올라 집중을 방해하여 숫자를 놓치게 된다. 그러면 다시 하나에서 시작하여 집중을 돌이킨다.

일상에서의 단전을 관(觀)하는 방법은 잘못된 수련법이다. '항시 깨어있는 자세'가 수행의 단계를 높인다. 길을 걸을 때 왼발! 오른 발!하며 집중하는 자세. 혹은 일을 할 때 '일을 하고 있음'을 챙기는 것이다. "주인을 기다리는 종의 자세"처럼 약간은 긴장된 표정이다.

그렇다고 남방불교의 '위빠사나'처럼 송곳처럼 파고들듯 긴긴밀밀한 집중은 절대 아니다. 굳이 말로써 표현을 한다면 '배부른 사자가 얼룩말 보듯이'하며 '있는 것도 아니고, 있지 않는 것도 아닌' 긴장이다.

4) 묵조선(默照禪)과 서양철학

당(唐)대 조동종의 굉지정각(宏智正覺) 선사가 발기한 선풍으로 '묵(默)은 침묵한 채 마음을 오롯하게 하여 좌선하는 것을 뜻하며 조(照)는 지혜로써 본래 깨끗한 마음의 성품을 비추어보는 것'을 뜻한다.

깨달음이란 자아의 초월이다. 나라는 존재의 초월만이 이성과 감성을 초월할 수 있어 내가 없음을(沒我)을 굳이 강조한다. 나라는 육신이 분명히 존재하는데 어떻게 나를 없애고 초월할 것인가를 두고 동서고금의 수많은 수행자들이 그 방법을 내세운다.

석가부처께서 설하신 삼독(三毒 탐진치)의 정복과 삼학(三學)의 계정혜가 그 길로 안내하고 있다. 지계를 지켜 선정에 들면 지혜가 깨달음을 선사한다. 이들 중 핵심이 선정(禪定)이다. 선정이 어려운 것은 시도 때도 없이 떠오르는 생각 때문이다. 떠오르는 생각의 끈을 놓고 정신을 집중해야 하는 것이 수행이다.

많은 이들이 "이것이 수행의 왕도(王道)다! 특수 비법이

비밀리에 전해온다."며 신비의 비결(秘訣)을 찾아 헤맨다. 허나 아무리 뛰어난 비결이 있다고 해도 그것 역시 말잔치며 생각을 기본으로 할 따름이다.

생각은 마구니다. 생각은 유혹이다. 생각은 고정관념이다.

선정에 들기 위한 첫째 조건은 두뇌의 생각을 접어야한다. 자아의 정복이 우선이다. 육신이 소유한 주관의 6근(안이비설신의)과 객관의 6진(색성향미촉법) 그리고 6식(안식 이식 비식 설식 신식 의식)을 미워하며 쉬게 함을 우선해야한다. 육신의 에고가 죽을 때 공(空)과 통하고 위대한 실체와 하나가 되는 깨달음을 얻는다. 내가 없는 그 자리가 진여(眞如)이며 깨달음의 자리다.

이와는 반대로 서구의 명상은 생각을 쉬게 하는 것이 아니라 오히려 생각함으로써 인간의 존엄함을 나타낸다. "인간은 생각하는 갈대다" 파스칼의 저서 〈팡세〉에서 나오는 명언(名言)이다. 인간은 심히 나약하고 연약하지만 생각할 수 있기에 위대한 존재로 인식할 수 있다는 설명이다.

특히 철학자 헤겔의 정반합(正反合)이론은 동양(東洋)과는 전혀 다른 서구의 정서를 대변한다. 자연, 역사, 정신의 모든 세계는 끊임없이 변화하고 발전하여 가는 과정으로 정반(正反), 정반합(正反合)을 기본운동으로 하는 관념의 변증법적 전개원리로 설명될 수 있다고 주장한다. 곧 하나의 주장인 정(正)에 모순되는 다른 주장인 반(反)이, 더 높은 종합적인 주장인 합(合)에 통합되는 과정을 이룬다.

물론 오늘의 과학과 문명을 만든 서구인의 관념적 철학은 인류를 위하여 이바지 한 바가 크다. 하지만 동양의 선(禪)은 '생각을 끊는 것'을 으뜸으로 삼고 서양의 철학은 '생각함으로써 위대한 존엄을 얻는 것'의 차이라고 보면 이해가 쉽다.

서양의 정서는 진리의 깨달음과는 무관하다. 오직 풍족하게 먹고 즐기는 세속의 사치함과 일상의 합리성이 지상과제인 셈이다.

2. 정신통일

2. 정신통일

조사들의 오도송(悟道頌)은 후학들의 가슴을 용솟음치게 한다. 현암스님은 돌멩이가 대나무를 부딪치는 순간 깨달음을 얻었다. 그래서 '현암격죽'이라 한다. 유정대사는 아침에 수탉이 회치는 소리에 대각(大覺)을 챙겼다하니 돈오의 그 순간은 과히 환상적이다.

그러나 우리가 살고 있는 20세기에는 왜 대각(大覺)을 자신 있게 말하는 선승이 나타나지 않는 것일까?

성철스님과 청담스님이 계시지 않느냐고 반문하겠지만 그분들의 존경도는 반반이다. 추종자 스님들이야 당연히 그 이상의 대각자가 없다고 주장하겠지만 사회적인 공감도는 가톨릭 추기경의 위상이나 어금버금하다. 결국 당시대를 대표하는 종교계의 어른들이라는 점에서 동일할 따름이다.

그럼 기독교는 어떠한가? 수십만 신도를 자랑하는 ○○○○의 ○○○○님이나 세계적인 조직과 교세를 확보한 ○○○○의 ○○○○님은 깨달음과 무관할까? 그분들 스스로 '하느님께 유일하게 선택된 예언자 또는 제2의 예수'라 한다. 정말 그래서 일까? 아니면 기획팀의 탁월한 능력일까?

물론 기획팀의 공로도 있다. 허나 그 분들 역시 신통(神通)과 기적을 행하지 못했다면 오늘의 영광은 없었을 것이다. 신통과 기적이 곧 성령(聖靈)을 대신한다. 그러면 이러한 능력은 어디에서 오는 것일까? 하느님에 대한 일념의 기도가 무언중에 정신통일을 이끈다. 다시 말하면 어떤 형태의 집중이라도 초능력을 나타낼 수 있다. 정신을 집중하는 힘은 기적을 나타내고 신통을 드러낸다.

하느님이든 부처님이든 절대적 존재에게 정신을 100% 집중할 수 있으면 누구나 초자연계의 힘을 빌려 사용할 수 있다. 허나 근자에는 기적을 일으켰다는 소식이 없다. 빌려 쓰는 힘은 언제나 유한(有限)한 탓이다. 그 분들은 오직 하느님에게 영광을 돌렸기에 성령의 은사를, 은총으로 구원의 역사를 펼치고 있었던 것이다.

그럼 정신을 집중하여 정신통일만 하면 초능력을 구사할 수 있다는데 왜 우리는 못하는 것일까? 그 분들에게만 특별한 재능이 있어서 그러한 능력이 나타나는 것이 아닐까? 한마디로 아니다. 우리도 길을 정확하게 찾아간다면 누구나 그 이상의 기적과 신통을 나타낼 수 있다.

그 해답이 불전(佛典)에는 6개의 도둑이야기로 시작하고 있다. 우리 몸에는 6개의 도둑이 있으니 그것들이 견물생심을 만들고 키운다. 곧 안이비설신의가 바로 6개의 도둑이다. 이 6개의 도둑이 티끌을 일으키니 색성향미촉법의 6진(六塵)이다. 이 티끌들은 또 6개의 의식을 재창조하여 지식을 만들고 선입관을 키우고 견해로 굳어진다.

정신통일이 어려운 까닭은 지식과 선입관 그리고 분별심의 충동이 집중을 허락하지 않기 때문이다. 그래서 6근과 6진과 6식이 모두 사라져 모든 번뇌가 끊어지면 곧 바로 자성(自性)을 만날 수 있다.

그곳은 공적(空寂)이라 본래 비고 고요한 자리다. 자성이란 위대한 실체다. 위대한 실체인 하늘이 내 몸에 내려오면 성령이며 불성이며 본성(本性)이 된다.

1) 관법(觀法)

육신의 눈으로 보는 것을 견(見)이라 하고 마음의 눈으로 보는 것을 관(觀)이라 한다. 관(觀)은 올빼미의 상형에 볼 견(見)이 합쳐 이루어진 글자다. 입 구(口) 두 개는 올빼미의 두 눈동자다. 올빼미는 컴컴한 밤에도 대낮처럼 밝게 본다. 그래서 눈으로 볼 수 없는 정신세계를 말할 때 관(觀)자를 쓴다.

정신을 집중하다보면 생각이 잠시도 머무르지 않고 먼지처럼 일어났다가 순간에 소멸되지만 또다시 일어난다. 여름 날 늦은 오후 고추잠자리가 어지럽게 허공을 맴돌 듯, 뭉게구름이 구름의 꽃을 피우듯 이제는 완연히 여러 가지 형태로 그림을 그리며 움직인다.

이러한 마음속의 생각을 한곳으로 묶어야한다. 이것이 수행의 시작이다. 정신을 집중하는 비법이 따로 없다. 행하고 행한 어느 날 집중은 관(觀)이란 이름으로 우리 몸에 나타난다. 그 다음은 집중을 통하여 마음의 눈을 열어야 한다. 그러나 열어야 한다는 생각이 없어야 만이 열수 있다.

道可道 非常道. 名可名 非常名. 도를 도라고 이름 붙여 말

할 순 있지만 언제나 그 이름이 도는 아니다. 이름으로 어떤 것에 이름 붙일 수 있으나 언제나 그 이름이어야 하는 것은 아니다.〈노자 도덕경〉

 동서고금을 막론하고 여러 가지 수행의 방법들이 등장하여 제각기 자신들의 장점들을 나열하지만 모두가 허구(虛構)다. 오직 길이 있다면〈안반수의경〉의 수식관호흡뿐이다. 집중의 최대가치는 누가 뭐라고 해도 불경의 무심(無心)법외는 없다. 무심하기 위해서 만들어놓는 무심의 사족(蛇足)들은 그 어느 것 없이 모두가 쓰레기다. 오직 '응무소주이생기심'뿐이다.

 인간의 두뇌는 편의와 결과를 바라며 언제나 '구하고 의지 하면서 멋진 상(相)'을 만들어낸다. 이들이 수행을 오류로 이 끄는 원흉들이다. 선(禪)의 검객 임제선사의 "살불살조(부처 를 만나면 부처를 베고 조사를 만나면 조사를 베라!)"의 정 신을 이어받아 기복(祈福)에 빠지는 일이 없도록 해야 한다.

● 관(觀)

 깨어있는 의식의 집중은 생각을 단순화하여 기(氣)를 모을 수 있다. 그리고 운기(運氣)를 활발하게 만들어 혈행(血行)을 도와 젊음을 새로 찾고 나아가 영혼을 맑게 한다. 맑음이란 형이상학적이긴 하지만 첫째로 얼굴이 맑아지면서 만나는 이들로부터 "신수가 훤해졌다."는 인사를 수시로 받는다. 얼굴뿐 아니라 육신의 건강도 당연히 좋아진다.

그러나 이것과는 반대로 '우상(偶像)을 만들어 구(求)하고 의지하면' 그들은 기복(祈福)이 되어 정성만 쌓이고 기대치만 높아져 아상(에고)만 기른다. 청정(淸淨)이 없는 에너지는 기복에 점점 혈안이 되면서 건강은커녕 맹신의 그늘에서 십년을 보낸다.

"왜 병이 차도가 없을까?" "왜 운이 풀리지 않을까?" 하고 스님께 반문하면 "저 분들을 보세요, 부자가 되고 시험에 합격하지 않았냐!" 며 되레 질타만 받는다. 그것 모두가 "내 정성이 부족해서다.!" 며 더욱 더 맹신의 족쇄를 쥔다.

본회의 수련법은 하나에서 열까지만 세고 다시 돌아와서 하나에서 열을 센다. 열하나, 열둘을 세지 않는 까닭은 종국에는 숫자까지 놓는 무심이 목표이기 때문이다. 숫자를 따라가면 언뜻 둘이나 셋에서 모음인 두-울과 세-엣 으로 모음만으로 숫자를 따라가게 된다.

　이때가 관법이 형성되는 시점이다. 의식이 주관하던 집중이 '의식이 있는 것도 아니요, 있지 않는 것도 아닌' 집중의 관(觀)으로 변하게 된다. 관(觀)이 집중의 엑기스라고 표현하는 이유가 여기에 있다.

　집중이 관(觀)이 아니고 관법이 결코 무심이 아니지만 집중만이 관(觀)을 생산하고 관법의 완성만이 무심을 유도한다. 차례로 나타나는 것이 아니라 집착이 없으면 동시다발적으로 일어나 수행을 이끈다.

2) 관법의 완성

　비행기가 이륙을 위해 긴 활주로 위를 쉼 없이 달려가듯 끊임없는 침묵의 정진 속에서 관(觀)이 살며시 모습을 나타낸다. 의식을 동원하여 집중하면 인위(人爲)가 되지만 이때 쯤 '의식이 있는 것도 아니요, 있지 않는 것도 아닌' 집중이 관법의 완성이다.

의식의 집중은 두뇌가 솔선하지만 관법은 '내 몸의 참 나'인 진아(眞我)가 지켜보는 것이다. 육신의 눈으로 아무리 째려봐도 티끌하나 움직일 수 없다. 이처럼 의식의 집중으로는 현실세계인 상대계의 법칙을 벗어날 수가 없다. 하지만 '내 몸의 참 나' 자성(自性)이 지켜보는 관(觀)은 생각과 의식자체를 잠재운다.

의식이 '있는 것도 아니요, 있지 않는 것도 아닌' 관(觀)은 자연과 동화되면서 거울에 묻은 먼지를 닦아내듯 밝음을 충동한다. 순백의 환경은 기(氣)를 증폭시켜 번뇌를 녹이고 심신의 맑음을 불러와 태산을 움직이는 법력이 된다.

내가 없는 몰아(沒我)는 순수자연과 코-드를 맞춰 순백의 맑음이 된다. 나라는 생각이 사라진 몰아(沒我)에서 무아(無我)로 진행할 때 자연의 위대한 실체는 절대계, 절대자의 모습으로 서서히 나타난다. 그곳이 니르바나(열반)며 하나님의 공간이다. 열반이란 적멸(寂滅)이요 완성이며, 위대한 실체 그 근본에 들어감이다.

정신집중은 육신에 흐르는 생명력의 미세한 전류인 기(氣)를 느낄 수 있다. 이는 자력의 당김처럼 느껴지는 약한 전류의 감응으로 심신이 맑아지면 누구나 체험하는 현상이다. 이것은 맑음의 척도일 따름이지 특별한 능력은 아니다. 어린이들의 집중은 아주 짧은 시간에 벌써 고급수행자의 느낌과 같은 수준을 경험한다.

하지만 기(氣)수련가는 이를 침소봉대하여 생명력의 원천이라 주장하며 확대해석한다. 우주 창조의 에너지며 자연의 법칙을 초월하는 초자연계의 파워라며 강군한다. 한편 불가(佛家)에서는 이들과는 전혀 다른 견해를 표한다. 오직 마음법의 깨침이다. 그래서 마음법외의 어떤 수행법도 허락지 않는다. 모두가 사술(邪術)이며 외도(外道)인 셈이다. 외도로 낙인된 기(氣)수련은 당연히 금기시하고 있다.

그러나 기(氣)의 체험은 자연스러운 것이며 맑음의 증표다. 이것을 확대해석하는 기공(氣功)지상주의도 안 되지만 그렇다고 기(氣)를 외도(外道)로 몰아 부정하며 금기시할 사항은 더욱 아니다. 자연은 자연일 따름이지 그것의 확대해석도, 금기(禁忌)도 자연을 위배하는 행위가 된다.

☯ 항시 깨어 있어라

　남방불교의 위빠사나는 관법의 선구자다. 대상을 긴긴밀밀하게 지켜보는 것으로 부처님이 깨달음을 얻은 비법이라 소개하고 있다. 허나 이것은 관(觀)에 사족(蛇足)을 매단 형상이다. 집중을 유도하기에는 효과적일지라도 '집중의 집중'은 무주(無主)와 무착(無着)과는 별개라 진정한 무아(無我)라고 말할 수 없다.

　또 성서의 '항시 깨어있어라!'는 '주인을 기다리는 종의 자세'로 주인(하느님)을 기다리는 자세를 요구하고 있다. 느긋하지만 조금은 긴장된 자세다. 하느님이란 우상(偶像)을 지운 자세 즉 단지 일상의 몸짓으로 깨어있는 자세를 말하고 있다면 관(觀)의 의미와 동일하다. 허나 상(相)에다 구하고 의지하는 그들은 기복(祈福)과 긴장의 연속으로 '응무소주이생기심'과는 거리가 멀다.

　관법의 완성은 인위(人爲)에서 무위(無爲)자연으로의 도약이다. 의식의 집중에서 한발 나아가 '의식이 있는 것도 아니요, 있지 않는 것도 아닌' '나 아닌 진아(眞我)'의 출현이다. 관(觀)은 번뇌의 근원인 지난생의 업식(業識)을 녹이는 법력이 되어 어둠을 몰아낸다. 늘 간직한 습관, 선입관, 견해 그리고 이번 생에 익힌 지식들조차도 진아(眞我)에게는 어둠의 용병들이다.

6근의 안이비설신의는 바깥의 현상에 늘 동요한다. 이때 두뇌는 내 육신만을 챙기고 세속의 욕망과 환락을 즐기지만 그 뒤로는 인간의 연약함과 한계를 유감없이 드러낸다. 마치 누에가 고치를 만들어 위풍당당한듯하나 자기 스스로 통속에 갇힌 격이다. 관법의 완성은 아직 지혜라고는 말할 수 없지만 지난 생의 업식을 녹일 수 있는 법력의 기초가 된다.

3) 삼매(三昧)와 트랜스

삼학의 계정혜(戒定慧)는 수행자의 지표다. 계(戒)를 지켜 선정에 들면 지혜를 얻을 수 있음을 삼매가 증명한다. 삼매란 어떤 대상과 하나가 되는 현상이다. 삼매에 들면 시간과 공간을 다 잊어버린다. 독서삼매에 들면 책에 빠져 시간가는 줄 모르고 심지어 내가 어디에 있다는 공간적 위치도 잊어버린다. 책을 보는 나와 책이 하나가 되어 내가 없어진 형태다.

나는 주관이고 책은 객관이다. 물건을 보면 마음이 일어난다는 견물생심이 이들을 잘 설명하고 있다. 물건을 보는 주관은 대상을 인식하는 주체며 쇼윈도의 화려한 물건인 객관은 인식의 대상이다. 하지만 삼매란 주관과 객관이 하나가 됨을 의미한다. 심경일여(心境一如), 심일경성(心一境性)이다.

깊은 침묵의 선정(禪定)은 '지혜로운 관찰과 지혜롭고 올바른 정진으로, 수행자가 최상의 해탈을 얻고 최상의 해탈을 실현할 수 있는 삼매'로 유도한다. 이러한 선(禪)의 삼매(三昧)는 최면상태의 심리인 트랜스와는 전혀 다르다.

최면상태인 트랜스는 환상의 그림을 그려 그 곳에 안주하거나 또는 공포의 대상을 두렵지 않다고 생각하는 주입식 내레이션으로 공포불감증에 불과하다. 최면상태의 심리를 심령과학용어로 트랜스라고 한다. 이것은 진통제로써 잠깐 동안 통증을 잊게 하는 응급처치에 불과한 심리치료용이다.

선(禪)의 삼매를 올바르게 이해하지 못하는 서구(西歐)철학자들은 트랜스와 삼매를 동일한 것으로 착각하고 있다. 따라서 서구명상법을 배우고 연구하는 수행자들 역시 서구의 명상기법의 일종인 최면의 트랜스를 선(禪)의 삼매로 오인하는 우를 범하고 있는 것 또한 사실이다.

 삼매는 희로애락의 감정을 초월했다고 해서 정수(正受)라고 번역한다. 기쁜 마음도 아니고 슬픈 마음도 아니며 고통스러운 것도 아닌 마음으로 흔들리지 않는 상태다. 또 마음이 산란하지 않고 요지부동하고 고요하다고 해서 정정(正定)이라고 번역한다. 또는 삼매에 들어야 진리를 꿰뚫어서 바르게 본다고 해서 정견(正見)이라고도 한다.

 쉽게 말하면 정신통일이 바로 삼매이다. 정신통일로 인하여 삼매를 이룬 사람은 앞서 말한 독서삼매처럼 주관과 객관이 하나인 것을 체험하게 된다. 정신통일이라 하면 쉽게 받아들여지지만 주관과 객관이 어쩌고저쩌고 하면 또 복잡해진다.

 결론적으로 삼매에 들면 깨달음의 관문인 지혜를 얻을 수 있다. 그래서 천지만물과 동서고금이 공(空)함을 알 수 있다는 결론이다. 부연설명하면 정신통일만 이루면 견성을 할 수 있고 나아가 깨달음을 증득할 수 있다는 설명이 된다.

 그러면 정신통일이 됨을 어떻게 증명할 것인가? 입정에 들어 수식관에 몰입하면 처음에는 숫자를 용케 잘 따라가지만 잠시 후엔 생각이 없는 듯, 잠속에 빠진 듯 시간이 흘러간다. 그 상태가 정신통일이며 삼매인가? 한 마디로 그렇지 않다. 정신 통일이 되면 온몸에 묘한 촉감이 나타난다. 묘촉(妙觸)이다.

☯ 맑음이여!

수행의 과정이 마음법을 우선하다보니 모든 것이 추상적이고 주관적인 표현으로 점철되어 있다. 그런 연유로 조사(祖師)의 의발로 증표를 삼거나 스승의 인가를 방어막으로 삼는다. 이것은 남에게 보여주기 위함이겠지만 견성득도를 이룬 이가 할 행동은 아니다. 깨달음은 곧 법력의 나툼(나타남)인데 좀체 이해가 되지 않는 부분이다.

삼매는 깨달음으로 가는 이정표다. 삼매가 지혜를 선사한다면 묘촉은 삼매에 앞서 일어나는 전조현상으로 좀 더 구체적이고 객관적인 표현이 된다. 묘한 촉감은 처음에는 생명력의 전류인 기(氣)의 느낌으로 손바닥에 나타나거나 혹은 가슴에 멍울진 답답함으로 전해진다.

그로부터 '무소의 뿔'처럼 묵묵히 갈 뿐이다. 그 후 수많은 용맹정진의 시간이 지난 뒤 마침내 묘촉은 밝디밝은 감응으로 나타나 두정과 앞이마 그리고 머리전체에 항시 머문다. 물론 한두 해의 정진으로 이런 묘촉이 나타나는 것은 결코 아니다. 수십 년의 정진에도 쉽게 얻을 수 있는 것은 아니지만 인연이 있거나 앞서가는 스승을 만나면 불과 반년미만에도 증득할 수도 있다.

6조혜능이 행자로 있으면서 5조 스님에게 의발과 법을 받아서 야반도주로 길을 떠난다. 그 이후 15년 동안 사냥꾼무리와 같이 숨어살면서 보림(補任)의 세월을 보내다가 문득 광주 법성사(法性寺)로 발길을 재촉한다.

그때 그 절의 주지스님인 인종법사가 설법하실 때 바람이 세게 불어 깃발이 움직인 것을 보고, 한 스님은 깃발이 움직인다고 말하고 다른 스님은 깃발이 움직이는 것이 아니고 바람이 움직인다고 서로 주장을 달리 했다.

6조 스님께서 옆에서 듣고 있다가 "나도 한마디 해도 괜찮겠습니까?" 라고 말하였다. 대중들이 모두 소리 나는 곳을 바라보았다.

"깃발이 움직인 것도 아니고 바람이 움직인 것도 아니고 스님들의 마음이 움직인 것이라." 고 하셨다.

이에 놀라 주지스님이 6조 스님을 받들어 모시니 조계종의 모태가 되었다.

깨달음을 말의 변재나 뛰어난 화술로 평가한다는 것 자체가 난센스다. 윗글은 초발심의 수행자들에게 마음법의 가치를 설명하는 후세 기록자들의 상상력일 따름이다. 선문답도 마찬가지다. '조사서래의(祖師西來意) 조사가 서쪽에서 온 까닭은?'하면 '전정백수자(前庭栢樹子) 뜰 앞에 잣나무 이니라!'가 정답이다.

생각이 행동으로 나타나고 말로 표현되니 고승(高僧)들의 언행은 범접하기 힘들다. 물론 범인(凡人)들과는 다르겠지만 그렇다고 뛰어난 변재를 정각(正覺)이라 우기기는 조금 무리가 있다.

정각이란 청정이다. 청정은 채식과 금욕으로 만들어진 육신을 의미하는 것은 아니다. 오직 때 묻지 않은 순수한 맑음으로 승부하고 그 맑음에서 법력이 드러난다. 본인이 굳이 수승함을 말하지 않아도 청정은 주위를 밝게 하고 후학들에게 전등(傳燈)의 법문이 저절로 전해진다. 맑음은 자연스러움이며 '함이 없는 함' 무위(無爲)다. 인공이 가미되고 인위(人爲)

가 개입되지 않은 본래의 모습이다.

4) 무기(無記)와 혼침(昏沈)

　선승(禪僧)중에 제도권의 수행법을 무시하고 대승법을 공부한다는 자부심을 가진 이들이 가끔 있다. 기존적인 수행체계를 완전히 탈피하여 본연의 공부에만 매진한다. 기도나 염불하는 대중적인 형식에서 벗어나고 또 행정적이고 주지(住持)적인 사찰운영 방식을 매도하는 선승들이다. 기복(祈福)으로 흘러가는 현 불교계를 탄식하며 나 홀로 토굴에서 용맹정진한다.

　이러한 스님들의 쿠데타적인 수행법을 존경하고 구도(求道)에 목말라하는 참 수행자들이 정신계의 미래를 밝힌다. 이들은 기복(祈福)에 매달린 사찰과 소속된 스님들의 법문을 다소 과소평가하고 있는 경향이 다분히 있다. 물론 불전(佛典)을 폄하하거나 석가부처를 우습게 생각하는 것은 결코 아니다. 오히려 그 어떤 스님이나 열성신도보다도 석가부처에 대한 존경과 찬사를 보내고 있다.

마음법의 핵심인 대승법문을 가지고 용맹정진 하는 모습은 그 믿음에 가치가 돋보인다. 이것은 마치 무교회주의자들의 식견과 흡사하다. 성경은 신봉하되 교회는 필요악이라고 비판하는 근대성서(聖書) 연구가들의 모임과 흡사하다.

　소승과 대승의 비교는 무아(無我)론의 대두다. '일체법이 무아(無我)다'의 주장에서 소승(小乘)은 거시세계는 무아이지만 마이크로의 자성(自性)은 존재한다는 것에 비하여 대승(大乘)은 미크론이든 마이크로의 자성이든 '일체법이 무아(無我)'라며 한 획도 거스를 수 없는 양보 없는 주장이다.

　학자들의 견해와는 또 다르게 기복(祈福)종교를 규탄하는 대승법문을 공부하는 이들은 소승은 교회주의자들이며 대승은 무교회주의자로 자처하면서 마음의 근본자리를 찾아 정진 또 정진한다.

　그러나 여기에도 문제가 발생한다. 기복의 불교를 떠나 평생을 용맹정진해보지만 돌아오는 것은 제도권의 비아양이며 결과가 없는 사상누각이 종점이다. 그 이유가 어디에 있을까?

　"불교의 치명적인 실수는 니르바나를 잘못 해석하는 데

있다. 니르바나를 모르고 참선에 들어가면 최면술로 타락하기 쉽다. 이것은 현재 불교에서 일어나는 사실이다. 내가 보건데 불교는 주격이 없는 장엄한 형용사다"〈오경웅의 동서의 피안〉

선(禪)이 길을 잘못 들면 삼매가 아니고 무기와 혼침에 빠진다. '좌선으로 부처가 된다는 것은 벽돌을 갈아 거울을 만드는 것과 같다'는 마조의 스승 남악회양 선사의 법어(法語)를 상기케 한다. 정신통일은 관법을 만들고 관(觀)은 삼매로 유도하지만 묘촉이 없는 삼매는 잠이 든 혼침이나 돌과 나무와 같은 무정물의 무기와 똑 같다

맑음의 첫 신호가 묘촉이다. 마음을 내되 일으키지만 않으면 자연과 동화되면서 하나가 된다. 정신집중은 맑음을 가져와 자연의 손짓과 리듬을 챙길 수 있다. 집중의 나른함에서 손바닥 장심에 뜨거움으로 등장하는 것이 기(氣)의 실체다. 이들이 한의학의 경혈이론을 섭렵하며 시원함으로 나타나고 그 다음에는 가슴의 답답함으로 나타나는 것이 묘촉이다.

기(氣)는 맑음을 찾아가는 이정표다. 이것을 부정해도 금물이요, 이것을 확대해석하는 기공(氣功)지상주의자가 되면

무당과 진배없다. 기(氣)는 오로지 있는 그대로 자연의 모습이며 리듬일 따름이다. '구하지 말고 의지하지 말고 상(相)을 짓지 않는' 행(行)은 한의학의 경혈이론을 체험케 하고 나아가 청정한 하늘의 소리, 관음(觀音)을 증득케 한다.

오늘도 눈을 감고 수행을 독려하며 앉아있는 독각 수행자들이여, 함부로 집중하지 말라! 집중은 반드시 에너지를 만든다. 맑음이 없는 에너지에 유혹이 따르면 목적이 생기고 목표가 정해진다. 그러면 그들은 어느 새 어둠의 에너지로 탈바꿈하게 된다. 이 세상은 마왕이 지배하는 공간이다. 신통과 신비가 수행자의 눈을 가린다.

수행자들이여! 집중하면 어둠의 에너지가 무조건 만들어지는 것을 그대는 모르고 있지 않는가! 무기와 혼침의 시커먼 어둠의 에너지가 당신의 육신을 파고 들어가 인체의 경혈을 모조리 막고 있다. 그래서 병이 생기고 주화입마를 당하는 것이다. 생각이 없는 것이 공(空)이며 삼매라고 단정 짓지 말라, 그것은 시간을 소비하고 게으름을 조장하는 마구니의 손짓임을 지금 당장 알아야한다.

문) 누구든지 정신통일만 하면 깨달음을 얻을 수 있는가요?

답) 그렇지 않다. 그 이유는 어떻게, 어떤 방식으로 정신을 통일하는가에 따라 그 길이 달라지기 때문이다. 이것은 마치 소가 물을 마시면 우유가 되고 뱀이 물을 먹으면 독이 되는 원리와 같다. 한쪽은 부처가 되고 다른 한 편은 마구니가 된다.

남악회양선사께서 마조의 행자 시절 좌선을 많이 익히는 것을 눈여겨보다가 어느 날 벽돌을 가지고 암자 앞에서 소리 내어 뻑뻑 갈고 있었다.
　마조가 묻기를 "스님, 벽돌을 갈아서 무엇을 만들려고 합니까?"
　남악선사께서 말씀하시기를 "갈아서 거울을 만들려고 한다."
　마조가 다시 말한다. "벽돌을 갈아서 어떻게 거울이 됩니까?"
　선사께서 말씀하시기를 "벽돌을 갈아서 이미 거울이 되지 않는다면 좌선(坐禪)한다고 어찌 부처가 되겠는가?"
　마조가 묻기를 "어떻게 해야 부처가 될 수 있습니까?"
　선사께서 친절히 설명하신다. "비유컨대 소가 수레를 끌고 감에 수레가 만약 가지 않으면 소를 때려야 옳을 것이냐, 아니면 수레를 때려야 옳을 것이냐?"

바탕이 거울감이라야 거울이 된다. 거울 바탕이 아닌 벽돌을 가지고는 거울을 만들 수 없다. 오직 '구하거나 의지하지 말며 상(相)을 짓지 않는' 무심(無心)만이 부처가 된다. 그렇지 않고 자기최면이나 의념수련을 통해서 정신을 집중하고는 정신통일로 착각하고 또는 기도나 염불로 하늘에 빌고 부처께 빈다면 그것은 단지 무늬만 정신통일일 따름이다.

어떤 방식이든 집중을 하면 신기한 일들이 벌어진다. 부처도 만나고 관세음보살도 친히 나타나 목에 염주를 걸어주면서 예지를 한다. 그래서 무당이 되고 접신이 되고 맹신자가 된다. 그것은 평소 내가 그리던 환상의 그림이 모양을 갖추고 나타났다가 금방 사라지는 것 뿐이다. 참다운 수행이란 부처를 만나고 관세음보살을 친견하는 것이 목적이 아니다. 오로지 내가 부처가 되고 관세음보살이 되는 것이다.

3. 전등(傳燈)

3. 전등(傳燈)

　법력(法力)이란 무엇인가? 그것은 걸림이 없는 무한대의 힘이며, 자유이며, 해탈이다. 그 힘은 깨달음의 맑음에서 나온다. 법력은 맑음의 척도(尺度)임과 동시에 사랑이며 자비다. 무엇을 행한다는 의식의 움직임 이전에 풍기는 자연의 향기다. '함이 없는 함' 무위(無爲)다. 업장(業障)을 녹인다는 생각도 없다. 또 마귀를 쫓는다는 의식도 없다. 더구나 기공치료나 안수기도를 한다는 의례도 필요치 않는, 무엇에도 걸림이 없는 사랑의 치유능력이다.

　후학 수행자들에게는 깨달음으로 인도하는 지름길이다. 스승의 법력은 전등(傳燈)이 되어 자연스럽게 물 흐르듯 제자의 오염된 업장을 깨끗이 씻어낸다. 불전(佛典)의 말씀이나 법문을 굳이 설할 필요가 없다. 모든 것이 무위(無爲)의 맑음으로 진행되기 때문에 일정한 시기가 되면 후학(後學) 스스로의 체험으로 나타난다.

불전(佛典)에 이르기를

"법력(法力)이란,
먼저 자신이 피안(彼岸)으로 건너가 다른 사람도 건너게 해주며,
먼저 자신이 해탈(解脫)하고 나서 다른 사람도 해탈케 해주며,
먼저 자신의 마음을 청정(淸淨)하게 하고 나서 다른 사람도 청정하게 해주며, 먼저 자신이 니르바나(열반)에 도착하고 나서 다른 사람도 니르바나에 도착케 하는 것이 불력(佛力)이다"

법력이란 자비이며 곧 이타행(利他行)의 결산이다. 맑아(청정)질수록 영격(靈格)이 상승하고, 영혼의 격이 높아질수록 수행자에게는 법력이 생기고 또 사랑과 자비가 흘러넘친다. 수행을 통하여 얻을 수 있는 것은 건강한 육신과 함께 맑은 영혼의 향기일 것이다.

법력이 없는 깨달음은 미혹의 착각이다. 아무리 어려운 선(禪)문답의 수행승이나 고령(高齡)의 선승일지라도 지난 경력은 존경받을 수 있어도 정각(正覺)과는 거리가 멀다. 수행자라면 모름지기 위없는 깨달음을 찾아가는 길, 맑음을 키우고 애써 '감추려 해도 감추어지지 않는' 법력을 증진하는데 정진 또 정진해야한다.

1) 깨달음은 법력의 지속이다.

　세계적인 명성과 세기를 초월한 법력으로 산부처(生佛)로 칭송받는 모 명상단체의 2인자가 통역관을 대동하고 김 변호사를 찾았다. 법적인 자문을 받고자 내방(來訪)한 것이 아니라, 그 동안 회(會)를 위한 공로를 치하하기 위해서였다.
　간단한 인사말들이 오고가며 이내 분위기가 친숙해진다. 회(會)를 위한 3년 동안의 노고와 함께 지속적인 활동을 권유하는 자리라 허심탄회하게 서로가 불편했던 점을 나누게 되었다.

　"변호사님의 재정적인 도움으로 포교(布敎)에 기여한 공로를 높이 치하(致賀)드린다는 스승님의 말씀이 있었습니다. 그리고 지속적인 수행과 포교에 관심을 가져줄 것을 아울러 전해드립니다."
　이어서 김 변호사가 직접 느낀 단체의 문제점을 지적한다.
　"예, 말씀은 고맙습니다. 하지만 본인의 게으름으로 수행의 진전을 체험할 수가 없었고 또 단체내의 '스승의 신격화 운동'에 대해서 환멸을 느끼고 있습니다. 더 이상 본인은 생각이 없습니다. 단체와 교류를 중지하고자 합니다."

상담이 쉽지 않을 것이라 예견은 한 터라, 설득의 비중을 높여간다. "실망하신 이유가 있는 것 같아 뭐라고 말씀드릴 수 없습니다. 그러나 제가 스승님을 6년 동안 시봉하였습니다. 우리 단체가 정법(正法)이 아니라면 저 역시도 관계하지 않았을 것입니다. 재고(再考)를 부탁 드립니다"
마침내 던지고 싶은 질문이 터져 나온다.
"실례의 말씀입니다만, 단체의 2인자이며 비서실장이신 본 법사님과 스승님과의 법력의 차이는 어느 정도입니까?"며 흉금을 턴 물음을 던졌다.

스승의 법력에 대한 논의가 거론되자 본 비서는 자세를 바로 잡으며, "스승님과의 비교는 어불성설입니다. 스승님이 태양이라면 저는 촛불에도 미치지 못합니다."며 자신을 낮춘다.

김 변호사가 고양이 쥐 채듯 말을 잇는다. "그래서 정법이 아니라는 것입니다. 생명의 고귀함을 존중하는 완전한 채식은 고급수행법의 명상단체임을 일단 인정하겠습니다. 그러나 생불인 스승과 6년간의 가르침아래 계셨다면 당연히 생불은 아니더라도 아라한의 경지는 가셔야 되지 않겠습니까? 부처님시절 무수한 아라한이 탄생하고 8살의 용녀(龍女)가 깨달음을 얻을 수 있었던 사실은 이를 말하고 있지 않습니까!"

"----"

'번뇌가 보리요, 중생이 부처다'며 깨달음의 전과 후가 전혀 다르지 않다고 조사(祖師)들은 말한다. 또 견성(見性)이란 '있는 것도 아니요, 있지 않는 것도 아니다'며 일체무아(一切無我)와 제법무아(諸法無我)를 말한다. 또 무주(無主)와 무착(無着) 그리고 무심(無心)을 수행의 근본임을 강조한다.

그러나 깨달음의 전과 후가 같을 수는 없다. 깨달음이란 육신의 자아(自我)에서 법신의 참나(眞我)로 승화하는 것, 두뇌가 기억하는 지식의 세계에서 탈피하여 가슴으로부터 전해져오는 통찰력의 지혜로, 격물치지(格物致知)에서 돈오(頓悟)로 탈바꿈한다. 형이하학에서 형이상학의 변화는 관념적인 것으로만 끝나는 것인가?

한 마디로 말한다면 절대 그렇지 않다. 깨달음은 인간의 한계에서 벗어나 신(神)의 무한대의 법력을 드러낸다. 상대계인 이성(理性)은 상대를 넘어 절대계에 이르지 못하지만 깨달음은 절대계의 산물이다. 고로 절대는 상대계라 하여 경계가 있는 것이 아니다. 상대는 절대에 포함되어있고 상대계는 절대계의 그림자다.

정법에 기초한 깨달음의 법력은 맑음이 같이 한다. 맑음은 후학들에게 전등(傳燈)의 효력을 나타낸다. 전등(傳燈)의 능력 없이 스승이라고 지칭하는 이들은 사이비수행자이며 착각도사들이다. 맑음의 빛은 자연스럽게 어둠의 공간을 소멸시켜 주위를 밝히는 것이 상식이다. 불전(佛典)속에 등장하는 선지식(善知識)은 선험의 표본으로써 후학들의 무명을 일깨우고 깨달음의 길을 가속화한다.

2) 참 스승

수행자가 참스승을 만난다는 것은 이 세상에서 가장 가슴 벅찬 일로써 최고의 기쁨이며 희열이다. 그 이유는 깨달음의 길을 인도(引導)받을 수 있으며, 또 시간을 단축할 수도 있기 때문이다. 흔히 기공(氣功)을 연마하는 이들은 수행의 가르침을 '기(氣)를 받는다'라고 표현한다. 십 년을 연마해도 이루지 못하는 소주천 수련과 평생을 경주해도 얻지 못할 대주천의 경지를 본회(本會)의 가르침과 스승의 기(氣)를 받으면 불과 1년 미만에 체험할 수 있다.

'기(氣)를 받는다'는 표현은 지압이나 활공의 형태인 기공치료를 연상할 수 있다. 보통은 피시술자에게 손바닥으로 기(氣)를 발산하여 환부의 냉기를 뽑아내고 천기(天氣)를 주입하는 장면을 떠올리게 된다. 그러나 이것은 중국기공의 의념기법에 기초를 둔 것으로 아무 쓸모도 없는 주술(呪術)행위와 같다.

물론 미세한 기(氣)의 느낌과 감응은 받을 수 있다. 하지만 이것은 무당이 대(竹)를 잡는 행위와 똑 같은 짓거리로 의념(疑念)에서 오는 자기최면이다. 시술자는 상대에게 손바닥 위에 뜨거운 불덩이가 있다는 생각을 요구하며 집중을 시킨다. 처음에는 느낌이 쉽게 오지 않지만 계속적인 자기최면으로 마침내 온기(溫氣)를 느낄 수 있게 된다.

이러한 느낌들을 모우고 모아, 인체의 경락을 따라 움직이는 상상의 그림을 그리며 의념수련을 반복한다. 이렇게 자기최면을 유도하면 기(氣)가 인체의 경락으로 유주(流周)하는 느낌이 만들어진다. 하지만 강도 높은 집중을 지속적으로 할 수 없다. 상상의 그림을 놓치면 기운의 파장은 없어진다. 그러면 또다시 강한 자기최면의 그림을 요구한다. 과연 이런 최면의 요법들이 병을 완치시킬 수 있을까? 그렇다면 굳이 종합병원이 필요치 않으며, 더욱이 과학은 존재할 가치도 없을 것이다.

본회(고신도)의 기(氣)수행과 기(氣)치료는 이들과는 판이하다. 자기최면과 의념수련은 절대로 금물이다. 정신통일 뿐이다. 굳이 비법이라 한다면 불가(佛家)의 무심법을 모체로 한다. 생각이 머물지 않는 무주(無住)와 목표와 목적이 없는 무착(無着)과 상(相)을 만들지 않는 무심(無心)만이 올바른 정신통일의 자세다.

상대에게 몸을 맡기고 기(氣)를 받는 행위는 무당의 내림굿과 같다. 오로지 본인의 정신집중과 정신통일에서 나오는 자생력만이 근치(根治)를 약속받을 수 있다. 어찌 보면 정형외과의 재활치료와 동일한 수준으로, 본인의 노력 없이는 소기의 성과를 얻을 수가 없다. 그리고 기감(氣感)을 높이기 위해서는 지속적인 운동(산책)과 몸 풀기의 기(氣)체조가 필요하다. 스트레칭과 느린동작의 체조는 꾸준한 운동과 함께 기감을 증폭시킨다.

수행의 결과는 오랜 시간이 필요치 않다. 선지식(善知識)의 법력과 함께 하는 독대수련은 짧은 시간에 자가 치료는 물론,

전등(傳燈)의 초보단계 법력을 실감하게 된다. 이것은 물이 높은데서 낮은 곳으로 흘러가듯 기(氣)를 담을 수 있는 그릇(청정)만 확보되면 법력의 전이가 금방 이루어지기 때문이다.

법력이란 맑음의 척도(尺度)임과 동시에 '함이 없는 함'의 자연법칙이다. 기(氣)를 준다거나 받는다는 의식이 필요치 않다. 무엇에도 걸림이 없는 사랑의 치유능력이다. 참스승을 만나기가 힘들어서 그렇지, 만나서 청정만 만들어지면 누구나 가능하다. 이것은 마치 닫힌 커튼을 열기만 하면 밝은 빛의 태양을 맞이할 수 있는 이치와 같다.

수행자가 맑음을 이해하고, 맑음을 구하고, 맑음을 경주하면 누구나 빠른 시간 내에 본성(本性)을 만날 수 있다. 청정은 완전한 채식이나 철저한 금욕(禁慾)을 말하는 것이 아니다. 어린이들의 순진함과 유연함이 본 모습이다.

어린이들을 축복하신 예수 (마태오19:13-16)

그때 사람들이 어린이들을 예수께 데리고 와서 머리에 손을 얹어 기도해 주시기를 청하였다. 제자들이 그들을 나무라자 예수께서는 "어린이들이 나에게 오는 것을 막지 말고 그대로 두어라.

하늘나라는 이런 어린이와 같은 사람들의 것이다." 하고 말씀하셨다. 그리고 그들의 머리 위에 손을 얹어 축복해 주시고 나서 그곳을 떠나셨다.

3) 눈먼 자와 눈뜬 자

업장은 연기론이 중심이 된다. 연기론의 대표경전은 〈화엄경〉〈심밀경〉〈능가경〉등이 있다. 12인연 가운데 첫 시작이 무명(無明)이며 마지막이 노사(老死)다. 업장(業障)이란 내 몸이 탐진치 삼독을 밑천삼아 만들어 내는 것이다. 업장소멸을 강조하는 중심적 이론이 실상론이다. 〈법화경〉〈반야경〉〈열반경〉 등이다.

무명(無明)이 사라지면 행(行)이 사라지고
행(行)이 사라지면 명색(名色)이 사라지고
명색(名色)이 사라지면 육처(六處)가 사라지고
육처(六處)가 사라지면 수(受)가 사라지고
수(受)가 사라지면 애(愛)가 사라지고

애(愛)가 사라지면 취(取)가 사라지고
취(取)가 사라지면 유(有)가 사라지고
유(有)가 사라지면 생(生)이 사라지고
생(生)이 사라지면 노우(老優)비(悲)고뇌(苦惱)가 사라진다.
<법화경 화성유품>

초발심은 올바른 견해와 청정심으로 영혼을 승화시키고 이웃에게도 삶의 목적과 수행의 가치를 알려주는 좋은 계기가 된다. 수행의 목적은 깨달음이다. 그러나 그 전에 먼저 해야 할 일이 있다. 업장소멸이다. 이것은 전생에 기록된 빚을 갚는 행위다. 업장은 이번 생에 갚지 못하면 반드시 다음 생으로 이월된다.

업장이 참회기도나 보시로 해결되는 것은 결코 아니다. 오직 수행만이 녹일 수 있다고 불전(佛典)은 전하고 있다.

"수보리야,
만약 어떤 선남자, 선여인이 항하의 모래 수와 같은 수많은 재물과 그것도 모자라 목숨까지 바쳐 널리 보시(布施)한 사람이 있다고 하자,

그리고 또 어떤 사람은 금강경을 읽기 권하고
그 가운데 네 글귀만이라도 받아 지녀서 남을 위해 설명해 주었다면 그 복이 앞의 보시(布施)복보다 심히 많으리라"

<금강경 여법수지분>

업장(카르마)이란 전생의 기록표인 에너지의 압축 프로그램이다. 마치 항공기의 기록장치(블랙박스)에 모든 비행의 정보가 기록되어 있듯이 지난생의 행적이 에너지로 밀봉되고 포개어져 있다.

그들은 가죽처럼 질기고 돌처럼 단단하게 굳어져 그 어떠한 것으로도 도저히 녹일 수 없는 악성껍질로 변해있다. 이렇게 단단하게 무장한 어둠의 용병들은 업장의 이름으로 허약체질과 유전자의 꼬리표를 달고 윤회의 길을 재촉하며 수행자의 깨달음의 길을 막고 있다.

일심의 집중으로 번뇌를 잠재울 수는 있다. 하지만 깨달음의 길을 가로막고 있는 카르마의 껍질은 일심(一心)의 에너지로는 결코 벗길 수가 없다. 이들 껍질은 지난 생의 작은 집착에서부터 뿌리 깊은 원귀(寃鬼)의 역에너지까지 그야말로 천차만별이다.

수행의 핵심은 맑음이다. 순백의 맑음만이 장애의 벽이며 어둠의 용병(빙의령)들인 업장소멸을 주도한다. 〈금강경〉과 사구게가 업장을 녹일 수 있다고 전하지만 오늘의 상황은 다르다. 석가 부처님 당시와 2천5백년이 지난 오늘의 현실과는, 시간 속 업장의 모습과 쌓여진 두께가 각기 다르다. 그렇기 때문에 지순(至順)의 맑음이 아니고는 업장소멸은 불가하다.

우리는 흔히 악령을 말할 때 바깥에서 침입하는 것으로 여긴다. 그러나 악령은 바깥의 하늘에서 떠돌아다니는 것이 아니다. 우리 몸 안 어둠속에서 존재한다. 악령의 주인이 곧 지혜의 눈을 멀게 한 업장(業障)인 것이다. 본인의 허약체질이 업장이며 가계(家系)의 유전병, 내 성격, 내 생각이 모두가 업장의 끈으로 마음속 어둠의 공간이다.

업장(業障)의 미세입자인 빙의령은 쉼 없는 줄로 이어져 전생과 전, 전생의 수많은 사연들을 안고 있다. 그 무게 또한 여러 층이라 '나는 할 수 있다!'는 자기최면이나 종교의 밀어붙이기식 기도나 염불로는 결코 불가능하다.

그럼 무엇으로 업장을 녹일 수 있는가? 그 해답은 불전(佛典)에 있다. 오직 일심(一心)이 아닌 무심(無心)의 청정법력만이 녹일 수 있을 뿐이다.

일심과 무심은 다른 것인가? 일심은 뭐꼬 무심은 무엇인가? 선정(禪定)에서 유독 무심(無心)을 논하는 까닭은 무심만이 '함이 없는 함 (爲不爲)'을 얻을 수 있는 탓이다. 그때 비로소 자연과 하나가 되고 고도(高度)의 맑음을 얻을 수 있다.

맑음은 위대한 실체인 자연과 코-드를 맞춰 지혜의 눈을 뜨게 하여 내 몸 안의 불성(佛性)을 무한으로 확장시키며 고도의 법력을 만들어낼 수 있기 때문이다.

문) 업장(業障)이란?

답) 업장이란 몸과 입과 생각으로 만들어진다. 그래서 구업(口業), 신업(身業), 의업(意業)을 3업이라 부른다. 업을 짓게 하는 어리석은 마음이 미혹(迷惑)이다. 미혹으로 말미암아 업을 짓게 되고 그들은 세세생생 이월된다. 그래서 나쁜 업을 지으면 삶에 고통이 따르고 우환이 멈추지 않는다.

불전(佛典)에 설명한 미혹은 가출한 미아가 부모가 애타게 기다리는 줄 알면서도 집으로 돌아오지 않는 것과 같고 또는 후처에 혹해서 본처의 아들을 죽이려고 하는 나쁜 마음이

생기는 것이라 설명한다. 이처럼 어리석고 그릇된 생각을 혹(惑)이라 한다.

혹(惑)으로 말미암아 나쁜 악업을 짓게 되면 그 결과로 고통을 받게 되는 것이다. 혹업고(惑業苦)를 삼업장(三業障)이라 한다. 고집멸도의 4성제의 고(苦)는 집착(執着)때문에 나타난 것인지라 미혹이나 집착이나 모두 똑같은 선상에 있다.

어떤 사람이 스님께 "우리 집의 부모가 일찍 삼보(三寶)를 존중하고 진심으로 믿고 실천하였지만 항상 병에 걸리고 또 하는 일도 다 뜻과 같이 잘 되지 않았습니다. 허나 이웃집의 사람은 오랫동안 도살업을 하지만 몸은 항상 용감하고 건장합니다. 그리고 하는 일마다 잘되니 저들은 어찌 행복하고 우리는 어찌 이렇게 불행합니까? 혹시 우리에게 무슨 허물이 있어 그런 것입니까?"하고 애타게 물었다.

스님께서 답하시길 "어찌 불전의 말씀을 의심하느냐? 모름지기 착한 일을 하면 좋은 과보가 있고 나쁜 일을 하면 나쁜 과보가 있게 되는 것은 과거, 현재, 미래의 삼세에 무조건 나타나게 되어 있거늘, 보통 사람들은 어진사람이 빨리 죽고 사나운 사람이 장수하며, 나쁜 짓을 하는 사람이 편안하게 살고

의로운 사람이 흉한 것만을 보고 문득 '인과가 없고 죄와 복이 허망하다'고 말할 수 있다.

그러나 그렇지 않다. 사람의 그림자와 메아리가 서로 따르는 것이 터럭 끝만치라도 어긋나지 않듯이 인과는 비록 백천만겁을 지날지라도 또한 없어지지 않는 것을 알지 못해서 그렇게 보일 뿐이다."

업보란 시간적인 차이가 있을 수 있다. 세상이 바뀌고 또 바뀌어도 지은 업(業)은 다음생으로 반드시 이월되니 성불(成佛)하기 전에는 없어지지 않는다. 인연이 모이지 않으면 과보를 받지 않지만 인연이 주어질 때는 자기가 저지른 것에 대해서는 반드시 과보를 받게 된다.

假使百千劫이라도　가령 백 천겁을 두고 세월이 바뀐다고 해도
所作業은 不亡하야　지은 바 업은 없어지지를 아니해서
因緣會遇時에　　　인연이 만나서 모일 때에
果報를 還自受라　　과보를 도로 스스로 받는다.

인연이란 그렇게 무서운 것이다. 악업을 만드는 순간 곧 바로 받는 것을 화보(花報)라 한다. 이것은 마치 나무에 꽃이

피듯이 그 즉시 나타나는 것이다. 그 보다 세월을 두고 받는 것을 과보(果報)라고 한다. 금생에 지어서 다음생인 내생에 받든지 혹은 몇 십 년 후에 받는 것이 과보이고 오늘 지어서 오늘 받는 것이 화보다.

이것을 시간적으로 분류하면 이번 생에 악업을 지어서 이번 생이 마칠 때까지 반드시 받는 순현보(順現報)가 있고 다음생인 내생(來生)에 가서 받는 순생보(順生報), 내생보다 더 많은 세월, 한없이 많은 세월 뒤에 받는 과보인 순후보(順後報)가 있다.
  삼세를 통해서 업을 받거나 몇 천세를 통해서 업보를 받는 경우는 순생보, 순후보이고 업(業)을 금생에 지어서 그 과보를 금생에 받는 것을 순현보라고 한다.

선악의 업보는 3세가 있어 금생에는 안 받아도 내생이나 세세생생에 어김없이 받는 것이 업보다. 지금 눈앞에 보는 것만 가지고는 절대로 말할 수 없는 것이 업장이다.

4) 일심(一心)과 무심(無心)

 마음을 하나의 대상에 전주(專主)하여 산란하지 않게 하는 사마타 수행에는 8가지 단계의 선정(禪定)이 있다. 여기에는 색계(色界)의 4선정과 무색계(無色界)의 4선정이 있다. 색계란 물질계를 말함이고, 무색계란 눈에 보이지 않는 세계를 말한다.

 8선정은 요가, 수피, 도가(道家) 등과 본질적으로는 틀린다고 할 수 없는 대대로 전해오던 수행법이다. 부처님 자신도 깨치기 전에는 이 수행법으로 통달하였으나 이것에 만족할 수 없어 두 분의 스승을 버리고 보리수나무 밑으로 갔던 것이다. 그곳에서 무상정득정각을 얻을 수 있었던 비결은 무심(無心)의 마음법이었다.

 사마타의 8선정이란 8단계의 신통을 말한다. 눈에 보이는 4단계의 초능력과 눈에 보이지 않는 4단계의 신통(神通)이다. 선정(禪定)은 맑음의 경지다. 맑음은 곧 초능력을 나타내는 힘으로 법력이라고 아직 말하기는 이르지만 세간에서는 제법 위용을 부린다.

 요가, 수피, 도가등 어떤 형태의 수행기법일지라도 일심(一

心)의 집중은 에너지를 만들 수 있다. 그러나 이것은 에너지일 따름이지 무상(無上)의 법력은 아니다. 수행자가 이 정도의 경지에 올라도 국내최고의 수준급이다. 하지만 일심(一心)은 상대계의 산물로 전체의 업장을 녹이기는 역부족이다. 무심(無心)의 마음법은 신통의 일심(一心)을 놓는 것을 말한다. 이것은 곧 자연과의 소통이며 동화다.

결론적으로 수행에는 왕도(王道)가 없다. 그런데도 불구하고 초능력이나 신통이 도(道)인양 수행의 기교나 비법을 자랑하는 것은 정법과는 십만 팔천 리 멀어진다. 기교나 비법으로 정신을 집중하는 일심(一心)은 "구(求)하지 말며, 상(相)을 짓지 말며, 의지하지 말라"는 불전(佛典)의 말씀에 상(相)을 만드는 행위로 마땅히 규탄 받아야 할 것이다.

Q 일심(一心)은 상대계의 에너지이며, 그 능력은 언제나 한계가 있다.
상대적이라는 것은 절대적 하나가 아닌 둘이며 셋으로 상대에 따라 변한다.
목표가 있고 목적이 있는 집중은 일심이다.
그러나 일심을 놓는 그 자리는 무심(無心)이 된다.
〈금강경〉의 '應無所住 而生其心 응당 머무름 없이 내는 마음'이 곧 무심이다.
무심은 절대계의 맑음을 불러오며,
맑음은 하늘의 기운이며 우주창조의 대 법력이다.
흔히 말하는 기(氣)는 에너지일 따름이지
성령(聖靈)이나 법력(法力)일 수는 없다.
굳이 말하면 맑음의 일부분이지 맑음 그 자체는 아니다.

Q 석가부처께서 8선정을 뛰쳐나와 보리수 아래에서 깨달음을 얻는다.
8선정은 요가, 수피, 도가의 수행법으로도 가능하다.
8선정은 일심법의 마지막 단계지만 그 능력은 언제나 한계가 있다.

어떤 수행법이라도
몰아(沒我)가 되면 8선정에 도달할 수 있다.
그리고 영통(靈通)의 초능력을 부릴 수 있다.
그러나 그것은 영능력이지 맑음의 법력은 결코 아니다.
맑음이 없는 초능력은 그 뒤편에
언제나 마왕이 도사리고 있음을 잊지 말아야 한다.

맑음은 자연의 파장이며 무위자연(無爲自然)이다.
맑음은 묘촉(妙觸)을 만들고
바로 볼 수 있는 정견(正見)을 선사한다.
이것이 한의학의 경혈이론이다.
경혈, 특히 백회의 개혈은 영혼의 맑음과 연결되며
인체의 방어체계로 올바른 사유와 식견을 가져와 맹신(盲信)을 거부한다.
또 인체의 생명력의 지속이며 자정능력이다.
일심(一心)은 정진만 있고 맑음이 결여된 탓에
경혈이론과 백회개혈을 무시한다.
하지만 백회가 열려야 만이
반드시 정견(正見)을 얻을 수 있다.

"도(道)는 닦는 것이 아니라 오염시키지 않는 것"
무주(無主)며 무착(無着)이며 무상(無想)이다.
무심(無心)은 맑음의 근원으로
자연의 흐름인 묘촉이 나타난다.
묘촉이 없는 무심은 무늬만 무심일 따름이다.
맑음은 자연의 힘이며 법력이며 곧 깨달음이다.
무심은 '함이 없는 함'으로 6신통(神通)인 누진통,
무한한 법력을 사용할 수 있다.

♎ 일심의 맑음은 무심의 맑음과는 비교할 수가 없다.
일심의 최고봉도 무심의 맨 밑과는 비교될 수가 없다.
왜냐하면 일심은 상대계의 것이며,
무심은 절대계의 것이기 때문이다.

♎ 일심의 능력으로는 결코 업장을 녹일 수 없다.
업장이란 수없는 윤회에서 생긴 인과로
하나, 둘로 이루어진 것이 아니기 때문이다.
업장의 구분은 천상계의 6단계와 동일하다.
1-2단계는 현대의학의 수준에서 해결이 가능하지만
그 이상의 단계는 불가능하다.
왜냐하면 태어난 것은 반드시 사라지는 생자필멸,
이것이 상대계의 한계이기 때문이다.

업장은 관음(觀音)만이 녹일 수 있다.
관음(觀音)의 인도 없이는 업장소멸은 불가능하다.
자연과 동화되는 무심법이 아니고서는
고급법문인 관음(觀音)을 득할 수가 없다.

수많은 고행승들이 평생을 경주하지만 득도(得道)란 꿈
속의 얘기. 그들은 맑음보다는 오직 정진으로 아상(我相)

을 키운 결과다.

하늘의 소리, 관음(觀音)은 '응무소주 이생기심'만이 얻을 수 있다.

맑음의 개척자인 관음(觀音)은 고도의 법력을 가져와 전생의 업(業)을 송두리째 녹이며 육신에 빙의된 악령(惡靈)의 제령도 화롯불위에 잔설 녹듯 손쉽게 할 수 있다.

Q 일심의 수행은(氣수련 포함) 무조건 착(着)을 만든다.
그래서 맹신(盲信)도 생겨나며, 접신(接神)도 된다.
그러나 무심의 수행으로 맑음이 나타나면
모든 착(着)에서 벗어나게 된다.
따라서 나라는 아상(我相)도 서서히 걷혀지게 된다.
포장되어 가둬 두었던 자신도 모르는 저 깊은 속마음(업장)을 드러나게 하여 나라는 생각, 남이라는 생각, 좋다는 생각, 싫다는 생각의 분별심을 사라지게 만든다.

Q 구(求)하거나 의지하거나 상(相)을 짓는 집중은 일심이다.
구하지 말며 의지하지 말며 일체의 상(相)을 짓지 않는 것이 무심이다.
그렇다하여 아무 생각이 없는 나무나 돌 같은 무정물 아니다.

무심(無心)은 성성(惺惺)하면서 적적(寂寂)하다.

Q 무엇이 정법이며 무엇이 사법인가?
한의학의 경혈이론이 이것을 증명한다.
정법(正法)은 경혈을 모두 열어 육신을 건강하게 하지만, 사법(邪法)은 열려 있는 경혈마저 막아버려 끝내는 육신을 병들게 한다.

5) 이미 알고 계시는 하느님, 부처님

정진(精進)이란 올바른 수행의 방향으로 흔들림 없이 매진하는 것을 의미한다. 오로지 깨달음을 향하여 꾸부림 없이 실천하는 것이다. 그런데 과연 무엇이 올바른 수행의 길인가 의문이 생긴다.

내가 정진하고 있는 가치관이 최선의 것이라는 보장은 어디서 받아야 할 것인가? 과연 무엇이 정법(正法)인가? 무엇이 올바른 부처의 삶이며 예수의 가르침이란 말인가? 어떤 수행법이 과연 내가 정진해야 할 종교적 삶인가? 불교인가, 기독교인가? 아니면 또 다른 종교인가……

하느님은 성령(性靈)이라 어디에 있는 것이 아니다. 불성(佛性)도 마찬가지다. 어느 장소에도 존재하며 어떤 시간에도 실재한다. 그래서 무시부재하고 무소부재하며 그리고 무소불위하다.

성령과 불성이 동일하듯 하느님과 부처님 역시도 동격이다. 이것은 동서양의 정서와 표현의 차이에서 오는 것으로 간주된다. 그러한 하느님이나 부처님이라면 인간들의 속셈을 훤히 꿰뚫어 볼 수 있는 것은 당연지사다.

만약 그렇지 않고 교회나 사찰에서 주장하듯 기도와 염불로 정성을 바쳐야만 소원이 이루어진다면 그들은 진정 하느님도 아니고 부처님도 아닐 것이다. 우리의 소원이 무엇인지도 모르는 하느님이 존재하고 부처님이 실재한다면 말도 되지 않는다.

하지만 윤회설과 인과응보는 대중들을 위한 방편이다. 기도와 염불에 정성을 들이고 불쌍한 이웃을 도우며 착하게 살면 복이 하늘에서 내려온다고 가르칠 따름이다.

윤회는 모든 생명의 생사(生死)의 법칙이요, 순환의 대세(大勢)다. 가을의 낙엽에서 초봄의 새싹이 그 실례다. 무엇보다도 윤회의 설정이 없이는 인간 삶의 도덕성이 불가능해지기 때문이다. 선업(善業)에 대한 요구가 근원적으로 성립할 수가 없기 때문인 것이다. 윤회는 삶의 현실이다. 그 삶을 벗어나는 죽음이 그 삶의 행복을 보장할 수는 없는 것이다.

그러면 윤회는 진리인가? 아니면 윤회설은 애당초 성립하지 않는 것일까? 그럴 수는 없다. 윤회는 모든 존재의 기반이다. 윤회를 전제로 하지 않는 존재를 생각할 수도 없고, 윤회의 전제가 없는 불교는 생각할 수도 없다. 과학적으로는 증명할 수 없지만 사실 윤회는 이론이기 전에 하나의 사실이요, 구원이기 전에 하나의 현실이다.

윤회란 영혼의 쉼 없는 여정이다. 무속신앙과 종교들은 영혼의 윤회와 환생에 대하여 가르쳐왔다. 불교와 힌두교는 물론 초기의 유태교에서도 윤회는 진리였다. 가톨릭의 초기성서에도 윤회의 가르침이 있었지만 서기 553년 제3차 공의회에서 윤회의 이론을 이단으로 규정함으로써 사악시 되었다.

그러면 고급 수행자를 위한 수행요결은 과연 무엇일까? 그것이 궁금해진다. 부처의 가피를 입고 관세음보살을 친견하는 것이 최후 목표인가! 기독교는 하느님의 구원을 약속하지만 불교는 "우리에게는 누구나 부처가 될 수 있는 불성(佛性)을 가지고 있다."며 내가 부처가 될 수 있음을 강력히 주장한다.

부처의 가피가 목표가 아니다. 관세음보살, 아미타불을 친견하는 것만이 목표가 아니다. 내 스스로가 부처가 되고 내가 관세음보살, 아미타불이 될 수 있음이다.

6) 고수(高手)만이 고수를 알아본다.

무술의 고단자가 무술의 고수(高手)를 알 수 있듯 눈에 보이지 않는 맑음도 그 수준의 수행자만이 알 수 있다. '염화시중의 미소'가 그러하듯이 석가와 마하가섭, 예수와 베드로, 공자와 안회가 스승과 제자의 관계이전에 스승의 맑음의 빛을 그들은 먼저 인지할 수 있었다.

하늘의 소리, 관음수행자는 그들이 머문 공간에 무지갯빛 관음(觀音)을 언제나 남긴다. 외견상으로는 평범한 범부와 다름이 없지만 그들이 풍기는 맑음의 기운은 우리가 언제나 원하고 그리던 포근함 그것이다. 바람은 눈에 보이지 않지만

나뭇잎을 흔들듯 무지갯빛 관음은, 온몸을 이완시켜 고통스럽던 육신의 통증 부위를 살며시 사라지게 만든다.

맑음의 극치가 빛이다. 하늘의 소리, 관음(觀音)은 맑음의 빛을 대동하고 있다. 〈열반경〉에 이르기를 부처님의 몸은 순금색보다 더 짙은 자금색 빛이라 했다. 자색이 나면서 금빛보다 더 광채가 찬란한 몸이라 해서 자미금색신이라 한다. 황금색과 비슷할 뿐이고 그것보다 더 으리으리하고 더 밝고 더 빛나고 더 투명한 몸이다.

부처님이 열반회상에서 손으로 가슴을 만지시고 대중들에게 일러 말씀하시기를
"너희들은 나의 자미금색의 몸을 잘 관찰하여
우러러 보아서 만족을 취하고 후회하지 말라.
만약에 내가 멸도했다고 말한다면 나의 제자가 아니고
만약에 내가 멸도하지 않았다고 말하더라도
나의 제자가 아니다."
그때 백만의 대중이 모두 깨달아 알았다.   〈열반경〉

'우리는 누구나 부처가 될 수 있는 불성을 가지고 있다'는 것은 기독교 예수의 삶과 동일하다. 예수는 그가 하느님의 유일한 독생자임을 주장한다. 그 말은 자기가 부처가 되었음을

말하고 있다. 예수는 분명 자신의 육신이 아닌, 성령으로 가득 찬 법신이 "하나님의 아들"(the Son of God)이라고 자각적으로 이해하고 있었다.

예수는 "빛"(Light)이었다. 그는 어둠속으로 진입한 빛이다. 그는 육체의 한계를 벗어난 맑음의 빛이요 법신(法身)이다. 제자들은 그의 맑음이 해같이 찬란한 빛으로 느껴지고 그의 옷조차 빛으로 쌓여있는 모습을 증언하고 있다.

예수의 영광스러운 변모 (마태오17:2-9)
엿새 후에 예수께서는 베드로와 야고보와 야고보의 동생 요한만을 데리시고 따로 높은 산으로 올라 가셨다. 그 때 예수의 모습이 그들 앞에서 변하여 얼굴은 해와 같이 빛나고 옷은 빛과 같이 눈부셨다. 그리고 난데없이 모세와 엘리야가 나타나서 예수와 함께 이야기 하고 있었다.
그 때에 베드로가 나타나서 예수께 "주님, 저희가 여기에서 지내면 얼마나 좋겠습니까! 괜찮으시다면 제가 여기에 초막 셋을 지어 하나는 주님께, 하나는 모세에게, 하나는 엘리야에게 드리겠습니다." 하고 말하였다.
베드로의 이 말이 끝나기 전에 빛나는 구름이 그들을 덮더니 구름 속에서 "이는 내 사랑하는 아들, 내 마음에 드는 아들이니

너희는 그의 말을 들으라" 하는 소리가 들려왔다. 이 소리를 듣고 제자들은 너무나 두려워서 땅에 엎드렸다.

예수께서는 그들에게 가까이 오셔서 손으로 어루만지시며 "두려워하지 말고 모두 일어나라" 하고 말씀하셨다. 그들이 고개를 들고 쳐다보았을 때는 예수밖에 아무도 보이지 않았다.

7) 수행은 구체적이며 객관성이 보장되어야 한다.

깨달음의 세계는 빛이다. 아미타불이 빛이요, 비로자나불 역시 맑음의 빛이다. 불국토는 황금으로 도포된 빛의 궁전이다. 깨달음으로 가는 여정에서 눈에 보이지 않는 세계를 만나면 이성적(理性的)으로 도저히 이해가 불가능한 감성(感性)의 세계가 도래한다.

기(氣)를 느끼고 그 느낌의 기(氣)가 보이고 또 기(氣)의 색깔이 보인다. 나아가 기(氣)의 영롱한 구슬이 쪼개지면서 날개옷을 입은 선녀들을 마주하면 결코 이성적(理性的)으로 판단할 수 없다.

더구나 영혼의 모습과 전생의 장면들이 적나라하게 나타나면 나는 우주인이 된 기분이다. 천수천안(千手千眼) 관세음보살의 모습이 저자의 눈에는 맨 처음, 천사의 수장 가브리엘 천사로 비쳐진 것은 가톨릭의 바탕위에 있었던 탓 일게다.

그러나 수행의 첫걸음마는 이성적이어야 한다. 학교에서 배운 과학과 일상에서 마주치는 현대인의 정보가 수행의 근간이 된다. 수행은 오직 믿음만을 강조하는 종교와 전혀 다르다. 추상적이기 보다 구체적이며 주관적이 아닌 객관적으로 다가와야 정법(正法)이다. 다시 말해 맹신의 그늘이 아니며 기복(祈福)과는 전혀 무관한 이성적인 사고(思考)가 앞장을 서야한다.

오랜 각고의 시간이 지난 후 맑음이 도래하면, 초자연계의 입문인 천문(天門 백회)이 개혈된다. 그 때쯤 이성(理性)으로는 이해할 수 없는 신비로움을 접하면서 본인도 모르게 감성적으로 돌변하게 된다. 지금까지 보편적이었던 과학적인 견해와 지식이 하루아침에 갑자기 돌변하게 됨은 누구나 겪는 일이다.

눈에 보이지 않는 세계가 있다 해도 그것은 과학으로 설명하거나 증명할 수 없는 비과학의 세계다. 하지만 수행자들 사이에는 그들을 객관적으로 공유할 수 있게 된다는 사실이다. 상대의 탁함과 맑음을 측량할 수 있고 두뇌의 상단전 경혈의 열림을 같이 느끼며 관음수행자들은 관음(觀音)의 증득(證得)을 서로가 알아 볼 수 있다.

이것은 믿음의 신앙에서 나타나는 부처의 가피나 하느님의 신비가 아니다. 내(我)가 없어지는 정신통일의 결과물로써 곧 맑음이다. 눈을 감고 정신을 집중하면 어느새 삼매의 저편 맑음으로 건너간다. 과거와 미래를 넘나들면서 전생의 장면과 영혼들을 마주친다. 그리고 또 다른 나- 법신인 자성(自性)을 만나게 된다.

"내 몸 안에 하느님이 거하신다.""내 마음이 곧 부처다(卽心是佛)"며 성경과 불경은 한 목소리로 '우리는 누구나 부처가 될 수 있는 불성을 가지고 있음'을 증명하고 있다. 육근(안이비설신의)의 나가 없어지면 아상(我相)이 소멸된 나는 몰아(沒我)가 된다. 몰아(沒我)가 정신통일이며 삼매다. 이것은 무아(無我)의 시작이 된다.

무아가 진여(眞如)다. 내가 없는 그 자리가 정각(正覺)이다. 깨달음은 어떠한 경우도 "나(我)"라고 하는 실체가 있어서는 아니 된다. 나(我)가 있으면 그것은 무상정각이 아니다. 깨달음의 규정은 맑음의 법력이며 곧 무아(無我)의 실천을 의미하는 것이다. 무아(無我)의 실천은 법력의 지속성이며 이것 외에 반야의 지혜를 논하는 것은 어불성설이다.

결론적으로 내가 없는 상태, 무아(無我)가 되기 위해서는 먼저 나를 없애는 몰아(沒我)가 급선무다. 그럼 나를 없애기 위한 방법은 무엇일까? "내가 없어졌다" 혹은 "나는 공(空)이다."며 자기최면을 유도하면 될까? 아니면 "이 뭣고!"나 "조주의 무(無)자"를 화두삼아 일념에 들어가면 내가 없어지는 것이 아닐까.....

천부당만부당! 나(我)를 없애기 위해서는 "응무소주 이생기심(應無所住 而生基心)"이며 "항시 깨어 있어라"의 마음법 뿐이다. "응당 머무름이 없이 내는 마음"이란 '배부른 사자가 얼룩말 보듯이' 생각이 머무르지 않는 그것이 정신통일의 비결이며 일상의 마음법이다.

4. 맑음

4. 맑음

초발심의 정신 집중은 생각을 단순화하면서 자연의 흐름을 감지할 수 있다. 그 맑음의 첫 신호가 생명력의 전류인 기(氣)의 체험이다. 어린이들은 더 빨리 손바닥의 자력과 뜨거움을 느낄 수 있다. 이것이 맑음의 증표다. 수행자의 쉼 없는 정진은 어린이와 같은 맑음을 얻을 수 있다.

또 운기(運氣)를 확장시켜 혈행(血行)을 활발하게 한다. 원활한 신진대사는 활기(活氣)를 만들어 유연성과 젊음을 가져온다. 정신집중은 영육(靈肉)을- 육신의 활기뿐 아니라 영혼을 맑게 한다. 영혼의 맑음이란 마음의 평화와 비례한다. 마음의 평화는 정신통일로 인한 업식의 소멸과 함께할 때 지속될 수 있다.

심리치료나 주입식 가르침의 설교 또는 감명 깊은 철학적

에세이의 독서는 일회용이다. 이들의 감동은 치료가 끝나거나 책을 덮는 순간 그 감명은 어느새 사라진다. 그 이유는 우리가 가진 업식(業識) 때문이다. 오직 행(行)을 통한 정신통일만이 그들을 녹일 수 있어 마음의 평화를 지속시킨다.

맑음을 얻기 위해서는 방하착(放下着) - 마음을 텅 비우는 것이다. 마음공부는 생각을 떠나서 허심(虛心)하라고 내몬다. 시기하고 미워하고 계산하고 또 이 생각, 저 생각 복잡하게 하지 말고 일어나는 생각을 알아채고 그냥 놓는 것이다. 지우는 것이 아니라 그 일어나는 생각을 관(觀)하면 된다. 그러나 그게 말처럼 그렇게 쉽지 않다.

생각이 마구니다. 아니 생각 그 자체가 마구니다. 생각은 집중을 방해하면서 손기(損氣)를 일으킨다. 이와는 반대로 마음을 모우고 정신을 집중하면 맑음의 에너지가 생산된다. 맑음의 빛은 마구니의 은신처인 어둠을 몰아낸다. 하지만 또 생각이 꼬리를 물고 일어난다. 이것은 마구니들의 장난이다.

이때는 다른 비법이 없다. 생각이 일어나면 '또 마구니가 나타났구나!' '또 내가 틈을 보였구나!'하고 성찰하며 경계를 늦추지 말아야한다. 매번 일어나는 생각에는 고급수행자라도 실소를 금할 수 없다. 생각의 너울에 빠지면 누구나 헤어나기가 힘들다. 이것은 육신을 가진 이상에는 생각은 당연한 일인지도 모른다.

이런 경험적 현실에 근거를 두고 오랜 고심 끝에 등장한 것이 수행의 비법(秘法)들이다.

천년의 시간을 잠식하고 내려온 '간화선의 화두법'이며 '남방불교식 위빠사나'다. 이들은 주술적 소양이 가득한 진언(眞言)이나 오십보백보다. 그 비법 모두가 '상(相)을 만들고 긴장의 연속'을 주장하는 탓에 무심법과는 별개의 사실이다. 오직 길이 있다면 '응무소주 이생기심'이며 '수식관'뿐이다.

수행의 목표는 맑음이다. 맑음이 곧 법력으로 나타나며 이들이 '함이 없는 함'으로 시공(時空)을 섭렵한다. 불전(佛典)은 맑음을 청정(淸淨)으로 기술하며 공(空)으로 표현한다. 공(空)은 비어있는 듯하나 맑음으로 가득 차 있다.

1) 아즈나 챠크라

한 잔의 시원한 아이스커피가 뜨거운 늦여름 마지막 열기를 식힌다. 유리컵 밑에는 물이 흥건하게 배여 있다. 더운 공기가 찬 유리컵에 부딪치며 공기 중의 습기가 액체로 변하는 과정은 사막에서 물을 만드는 삶의 지혜중의 하나다. 미처 오감(伍感)이 발견하지 못하는 부분들은 대부분 비과학으로 몰아붙여지지만, 공기 중의 습기(濕氣)는 오감이 알아채지 못한다 해도 이런 일은 일반적인 상식이다.

영(靈)의 세계도 이와 비슷하다. 오감이 느끼지 못하는 에너지의 한 부분으로써 평화를 깨뜨리는 역에너지의 군단이 그것이다. 이런 역에너지의 뒤편에는 언제나 이것을 조종하는 악령(惡靈)이 도사리고 있음을 알 수 있다. 이것은 맑음에서 나오는 영적인 능력인 영안(靈眼)이다. 마치 맑은 시냇물 아래 자갈과 모래가 보이는 이치와 동일하다.

이것은 진화론의 학자들과도 견해를 같이한다. 육체는 바깥사물을 잘 구분하기 위해서 피부를 오목하게 하면서 진화시켰다. 그리고 그 앞에 물로 채워진 수정체로 다시 진화하면서 인간의 눈으로 발달하게 된다.

영혼(靈魂)의 세계는 무당들의 전유물이다. 접신(接神)된 무당들은 영(靈)의 세계를 소설을 쓰듯 주절대고 있다. 하지만 수행자의 맑음은 이들과는 다르다. 처음엔 묘한 촉감으로 느껴진다. 물론 맑음이 뒷받침되어 나타나는 묘촉(妙觸)이다.

길을 걸을 때 발바닥이 땅에 닿는 촉감을 집중하며 그 느낌을 찾는다. 그렇다고 너무 세밀하게 발뒤꿈치가 땅에 닿고 다음에는 발바닥이 닿고, 발가락 끝이 닿는다는 식으로 찾을 필요는 없다. 그냥 오른 발이 땅에 닿는 것을 알며, 왼발이 땅에 닿는 감촉을 느끼면 된다.

불전(佛典)의 '사념처(四念處)수행'에서는 '육체에서 일어나는 감각을, 또 마음에서 일어나는 법(法)을' 관(觀)하면 지혜가 나타나 수행을 이끈다고 설파하고 있다. 영적(靈的)인 안목 역시도 관(觀)을 통한 지혜의 부분임에는 틀림이 없다. 그러나 접신된 무당의 그것과는 전혀 다르다. 오감이 발견하지 못한다고 해서 비과학이며 미신으로 단정하고 거부하는 우를 범한다면 영적인 능력을 얻을 수 없게 된다.

집중하면 누구나 심신의 맑음이 다가오면서 초자연계의 현상을 느낄 수가 있다. 그것은 손바닥과 두정에는 기(氣)의 현상으로 또는 가슴 경혈의 막힘으로 나타난다. 이들이 묘촉이다. 머리 정수리에 존재하는 백회혈은 침구학(鍼灸學)에서는 인사불성시의 구급혈로 유명하지만, 하늘의 문이며 하늘과 통하는 통천문(通天門)으로 초자연계의 진입로이다.

쉼 없는 정진으로 백회가 개혈되면 천기(天氣)의 존재와 함께 경혈의 모습도 감지가 된다. 나아가 영혼과의 텔레파시도 가능해진다. 가슴 답답함의 묘한 촉감을 관(觀)하다보면 이것이 그림으로 바뀌면서 영혼의 모습이나 전생의 장면으로 나타난다.

접신(接神)된 무당은 영혼을 볼 수 있을 뿐이다. 그러나 청정의 관법은 영혼을 보는 것뿐만 아니라 그들을 영계(靈界)의 본 자리로 천도시키는 제령(除靈)의 법력을 구사할 수가 있다.

무심의 정진은 한 발 더 나아가 자연스럽게 이마 중간에 위치한 인당혈을 개혈한다. 그 곳은 부처님 제3의 눈으로 혜안(慧眼), 불안(佛眼), 법안(法眼)으로 통칭되는 신비의 보고(寶庫)로써 본성을 찾아가는 서방정토의 문이다.

요가에서 대수행자만이 개발될 수 있는 최고의 경지, 아즈나 챠크라로 이름하고 선도(仙道)에서는 이마 중간부위에 해당되는 천목(天目)혈로 이곳을 통하면 신선의 경지에 이른다는 신비의 문이다.

그러나 잘못 전해진 수행법이 수행을 그르친다. 아즈나 챠크라의 개혈은 의념(疑念)이나 용심(用心)으로는 절대로 불가하다. 모 수행단체는 천목(인당)혈을 집중의 한 포인트로, 이곳을 관하는 방법이 고급수행의 지름길이라 말한다. 관세음보살의 가피가 있고 미륵불의 지혜를 얻을 수 있다며 집중을 유도하고 있지만 그것은 분명 잘못된 소견이다.

인체의 두뇌는 육체의 총사령부이다. 다른 장기와 달리 두뇌에서 생기는 문제는 그 심각성이 생명과 직결된다. 의념이나 자기 최면으로 두뇌를 혹사시키면 과부하가 일어난다. 이로 인하여 생기는 것이 상기병(上氣病)이다. 바로 이것이 주화입마로써 수행자가 가장 두려워하는 마구니의 침입이다. 두뇌의 과도한 집중은 마장(魔障)을 불러와 정신질환으로 연결된다.

2) 용천혈

　오래 전 일이다. 피부에 닿는 감촉의 느낌이 강해진 어느 날, 우연히 경혈의 모습이 쌍꺼풀이 진 눈동자처럼 화면으로 보였으나 처음 만나는 체험이라 잘 믿어지지가 않았다. 혹시 내가 상상으로 만든 환상의 그림이 아닌가 하여 혼란에 빠지기도 했다. 처음 겪는 일인지라 어리둥절하여 남들에게 말하기가 더욱 쉽지 않다.

　동서고금의 그 어떤 책에도 이러한 경우를 설명한 부분이 없었고, 불전(佛典)에도 영(靈)능력에 관한 구체적인 묘사는 찾을 수가 없었다. 또한 무당과는 전혀 다른 영적인 일이기에 그들에게는 물어볼 필요조차 없어 혼자만 알고 있는 상황이었다. 그 후 경혈의 모습은 점차 잊어버리고 후학들에게 일상에서도 항시 '깨어있는 자세'만을 강조하고 있었다.

　그 뒤 경찰청 고위간부가 본회를 방문하였다. 격무와 음주로 인해 몇 년째 계속되는 통풍(痛風)의 고통을 호소하며 기공치료의 가능성을 타진해왔다. 통풍의 원인은 뇨산(尿山)에 의한 것으로 그 통증은 부인들의 산고(産苦)의 고통과 비교될 정도로 심각하다.

고신도(古神道)수행은 기공치료를 특별히 하진 않는다. 하지만 건강한 육체를 유지케 함을 수행의 첫 번째 과제로 삼는 탓에 수행과정 중 어떠한 질병도 자가 치료될 수 있음을 설명하였다. 그리고 단전 호흡하는 방법과 함께 일상에서 집중하는 관법(觀法) - '항시 깨어있는 자세'를 강조했다.

생각을 단순화하면 기(氣)가 모이고, 생각을 일으키면 손기(損氣)가 된다는 간단한 가르침이지만 이것은 고신도수행의 처음이자 전부이다. 세수를 할 때도 세수를 하고 있다는 사실을 확인하는 관(觀)은, 일상의 행동에 초점을 맞추는 깨어있는 행위이다. 밥을 먹을 때도 밥을 먹고 있다는 것을 알고, 혹 화를 낼 때도 화를 내는 자신을 볼 수 있다면 노기(怒氣)를 잡을 수가 있다. 그리고 걸음을 걸을 때도 왼발! 오른발! 구령 부치듯 집중하는 정신통일이 수행의 지름길임을 부연 설명했다.

3개월이 지난 어느 날, 저녁식사를 같이 하면서 "선생님, 발바닥을 집중하면서 왼발, 오른발하며 걸음을 계속했더니 순간, 상상에서 오는 그림인지 혹은 환영(幻影)인지 갑자기 발바닥의 용천혈이 소(牛)눈알처럼 보이던데요." 하며 조심스럽게 말을 꺼낸다.

독실한 기독교신자인지라 영적(靈的)인 장면을 말하기란 쉽지 않았을 것이다. 그러나 영적(靈的)인 것은 종교와 무관하다. 접신이 아니라면 이는 자연의 리듬이며 속삭임이다.

그렇다고 누구나 쉽게 영안(靈眼)이 열리는 것은 아니다. 이러한 영(靈)능력은 집중의 강도보다는 수행자 자신의 맑음의 밀도가 우선한다. 집중과 맑음은 같으면서도 다르다. 집중은 목적을 수반하지만, 맑음은 목적이 없는 것이 목표다. '응무소주이생기심 – 머무름이 없이 내는 마음'이 청정을 밝힌다.

준수한 외모와 세련된 모습의 수사관으로 지적이며 예리하다. 영혼의 맑음 또한 고급수행자와 비길 만하다. 그 동안 꾸준한 고신도수행으로 이제 통풍의 증상도 완전히 사라지고, 격무와 음주로 인한 피로도 가신다며 단전호흡을 생활화하고 있다. 현재 모 광역시 경찰서장으로 재직 중이다.

수행의 기본은 수식관의 단전호흡이다. 단전(丹田)은 특별한 곳이 아니다. 초심자는 배꼽과 치골 중간 정도의 위치라 생각하면 된다. 흔히들 배꼽아래 1.5치(寸)에 위치한 기해(氣海)혈로 주장하고, 혹은 3치인 석문혈로도 말하지만 수행이 진전되어 단전이 발달하게 되면 배꼽선 아래 전체가 하단전이 된다.

 인체는 하단전, 중단전, 상단전으로 나눌 수 있다. 수식관호흡과 일상에서의 '항시 깨어있는' 정신집중은 구도(求道)의 열정으로 승화되면서 축기가 완성된다. 이때쯤 기운(氣運)은 배꼽 반대쪽의 명문혈을 개혈하면서 수행에 박차를 가한다. 등 뒤의 독맥으로 뜨거운 기운이 유주하면서 막혔던 경혈을 모두 개혈하고 뒷머리를 돌아 전면부의 임맥을 다스린다. 이것이 소주천이다.

 마침내 정수리의 백회혈이 개혈된다. 대주천은 백회혈 개혈에 즈음하여 온 몸이 단전화되는 현상으로 기경8맥의 완성을 독려한다. 천기(天氣)의 왕래는 맑음을 확장하면서 만성질환을 고치고 젊음을 되돌린다. 나아가 지난 생의 업장을 하나씩 녹이면서 두뇌부의 상단전의 경혈들(인당혈과 태양혈)을 자극한다.

 그러나 가슴의 중단전은 개혈의 의미가 없다. 가슴의 전중혈은 지난 생의 업장들이 하나 씩 등장할 때마다 언제나 쉬어가는 안착지다. 이곳은 마음공부와 마지막 업장소멸 이후에야 완전히 개혈되는 부분으로 상단전의 각기 경혈들과 긴밀한 관계에서 개혈된다.

이러한 과정은 결코 중국기공식의 의념수련이나, 자기 최면식의 명상법으로는 불가(不可)함을 졸저(拙著)에서 수차 언급하였다. 자연의 흐름이 저절로 계절을 바꾸듯, 심신의 맑음은 그 맑음만큼 두뇌의 고급경혈을 개혈하고 신통을 넘어 법력을 맞이하면서 위대한 실체와 하나가 된다.

3) 하늘의 소리, 관음(觀音)

몰아(沒我)는 맑음의 출발점이다. 나를 없앤다는 것은 '나가 없어져라. 나가 없어졌다!'며 외우는 주문이 아니다. 나고 죽는 나를 없애는(生滅滅己) 첫 번째 작업이 정신통일이다. 나라는 아상(我相)이 조금씩 녹아나면 자연과 코-드를 점점 같이한다. 자연과의 동화는 오관으로만 감지했던 것과는 또 다른 초자연계의 선험이 나타난다.

그 첫 번째가 기(氣)의 등장이다. 손바닥의 자력감과 뜨거움으로 나타나는 묘한 촉감이다. 기(氣)의 느낌에서 이어지는 경혈의 존재 그리고 묘촉 그 다음에는 하늘의 소리, 관음(觀音)의 등장이다. 물론 이런 과정이 단 한순간에 이루어지는 것은 아니다. '무소의 뿔처럼 혼자서 가고,' '백척간두에 진일보'의 정진만이 간신히 이곳에 도달할 수 있다.

관음(觀音)은 우주의 첫소리다. [능엄경]은 우주의 기원과 수행방법을 설명하고 있다. 그 중 관음(觀音)수행법은 깨달음으로 가는 25가지의 수행방법 중 관세음보살이 증득하고 가르친 수행법이다.

또 [능엄경]에서는 "모든 부처는 이 '음류(音流)'에 의지하여 내려와 중생을 제도하고, 보살과 중생은 이 '음류'에 의지하여 근원으로 되돌아간다(如來逆流 如是菩薩 順行而至 覺際 入交 名爲等覺)"고 했으며, 관음(觀音)의 종류를 '범음(梵音 하늘의 소리), 해조음(海潮音 바다소리), 승피세간음(세상에 존재하지 않는 소리)'으로 설명하고 있다.

[법화경]에도 내면의 소리인 관음(觀音)에 대하여 종류를 언급하고 있으며 음류의 실재(實在)를 확실히 하고 있다. "이 소리를 만나면 수행자는 업장의 사슬로부터 완전히 해방되어, 자유를 찾아 윤회의 굴레를 벗어날 수 있음을 의심하지 말라"고 전해진다.

성경의 첫머리에도, 우주가 시작되자마자 소리(말씀)가 있음을 기록하고 있다. 이 말씀(word)은 천상의 노래(音)로 표현되며 빛과 함께 천사들의 출현이 언제나 같이한다.

"태초에 말씀이 있었고 말씀은 하느님과 함께 있었으며 말씀이 곧 하느님이다. 우주만물은 모두 그 소리로부터 창조되었으며 소리로부터 나오지 않은 것은 아무 것도 없었다.

In the beginning was the 'word{sound}', and the word was with God, and word was God, everything was made by this, and nothing was not made by this."

관음수행자가 머무는 공간에는 관음의 향기가 진동을 한다. 찬란한 칠색 무지개와 함께 관세음보살의 화신이 언제나 수행을 이끈다.

불전(佛典)에 이르기를 관세음보살은 천개의 손과 천개의 눈을 가진 보살이다. 불속에서 관세음보살을 부르면 불이 얼음처럼 차게 된다. 또 물에 빠져 관세음보살을 찾으면 깊은 물이 얕아지게 된다. 요새말로 수호천사와 같은 존재다.

현실 속에서는 감히 상상도 할 수 없는 일로 어떤 이들은 모두 지어낸 말이라 믿을 수 없다고 부정한다. 하지만 관음(觀音)을 득하면 그 장엄함에 이성적(理性的)으로는 이해가 불가능한 신비에 빠진다.

　더욱이 놀라운 사실은 관음수행법은 일세해탈의 법문으로 고대(古代)로부터 비밀리에 전해져 내려와 세계의 모든 종교 경전에 반복해서 묘사되고 있다는 사실이다.

　성서(聖書)에는 태초의 말씀(word)으로 묘사되고 이슬람교의 시조 마호메트는 동굴 속의 깊은 침묵의 기도 중 가브리엘천사의 인도로 새로운 아침을 맞는다며 서술하고 있다. 이 모든 정보의 중심에는 언제나 소리의 화신, 관세음보살과 가브리엘천사가 있다.

　저자는 3여년의 관음수행 끝에 가브리엘천사를 만나게 된다. 카톨릭 신앙의 바탕위에 관세음보살을 잘 몰랐던 시절이었던 탓이다. 관세음보살은 산스크리트어로 아바로키테스바라(Avalokitesvara)이다. 현장스님은 관자재보살이라 옮겼다. 관자재(觀自在)는 제 속을 들여다보는 내관(內觀)의 뜻이다.

　관음(觀音)을 수행하는 2개의 국외파 단체들이 세계 각국에서 활동 중이다. 베트남 출신 청해무상사와 인도의 다카르싱을 추종하는 수행인들이다. 자기 단체가 관음수행의 원조라며 서로 주장하면서 국내에서도 무려 200여개의 지부를 결성하여 활동 중이다.

'신(神)을 체험하라'는 등 신비의 캐치프레이즈를 내세우며 일세해탈을 꿈꾸는 수행인들을 부르고 있다. 그러나 문제성이 있다. 어떻게 내관(內觀)하고 어떤 방식으로 수행해야 하며 언제 관음(觀音)을 맞이할 것인가?

구체적인 방법은 뒤로하고 입회만으로도 5대 조상들을 해탈시키고 지난생의 업장을 녹일 수 있는 스승의 가피력을 뽐내고 있다. 완전채식과 생명사랑 정신에 정성을 다하라고, 그러면 스승의 가피에 관음을 득할 수 있다고!

그러나 그들의 주장과 관음수행과는 무관하다. 그 해답은 오직 맑음뿐이다.

하늘의 소리, 관음(觀音)은 맑음을 증득하면 저절로 나타나는 것이다. 스승의 특별한 가피가 있어서 얻어지는 것은 아니다. 물론 앞서가는 스승의 법력이 맑음을 증폭시켜 도와줄 수는 있겠지만 완전한 채식이나 또 어떤 생명존중의 사상이 깊이 사무쳐야 만이 되는 것은 아니다. 수행자의 맑음이 그 수준에 이르면 누구나 자연스럽게 관음(觀音)을 들을 수 있고 또 볼 수 있다.

맑음이 곧 법력이며 자정능력이다. 이들은 지난 생에서 이월된 업장소멸을 주관한다. 체질을 개선하고 활기(活氣)를 넘치게 한다. 수행자 본인은 물론이며 주위의 친지나 후학들에게까지 맑음을 전파한다. 이것이 수행자의 몫이다. 백회가 열리고 관음을 득하면 마침내 본성을 만나게 된다.

4) 하늘의 세계 1

깨달음은 청정에서 오고 청정은 업장이 소멸된 뒤에 나타난다. 결론적으로 업(業)을 녹이지 않고서 깨달음을 논한다는 것은 앞뒤가 맞지 않다. 본성을 둘러싸고 있는 먼지의 티끌인 업장을 씻어내던지 아니면 녹이던지 하지 않고서는 절대로 본성을 만날 수가 없다.

불과 며칠 전의 사건조차도 잊어버리기 일쑤인데 이번 생(生)도 아닌 더구나 기억도 없는 전생의 일이란 꿈에도 생각 못할 일이다.

그러나 육신의 녹음기에 내장된 마음의 테이프에는 기록들이 존재하고 있다. 죽음 직전까지 잊혀 지지 않았던 집념어린 지난 생의 특별한 기억들과 자의든 타의든간에 본인들이 알게 모르게 행해졌던 악행들과 선행들의 기록들이 그대로 보관 되어 있다.

지금 내가 살아가는 이 삶 자체도 테이프의 기록이 하나씩 풀려 나오면서 받을 복을 받고, 갚을 빚은 갚으며 살아가는 것이다. 남보다 뛰어난 두뇌는 지난생의 수행의 과보요, 경제적인 여유로움은 보시의 결과물이다. 이렇듯 업장은 그 누구도 대신할 수가 없으며 '뿌린 대로 거두리라'는 인과응보의 법칙에서 벗어 날수가 없다.

이런 어마어마하고 무서운 업장도 분명히 소멸되는 과정이 있을 것이다. 단단하게 굳어져 가죽처럼 질긴 오물덩어리도 맑은 물에 오랜 시간 담가두면 서서히 녹아내린다. 업장도 이와 같다.

아무리 강한 업장도 순수 맑음 앞에서는 화롯불위에 잔설 녹듯이 백회를 통하여 가스처럼 소멸된다. 집착이 약한 전생의 사연들은 가스화 되어 사라지지만 원한이 강하게 맺힌 원혼이나 그 생(生)의 핵심적인 사건들은 끝까지 풀어지기를 거부하며 화면으로 모습을 보이곤 승천한다.

집중을 통한 정신통일은 맑음을 가져오고 또 그 맑음은 '묘한 촉감'의 느낌을 선사하며 다음 길을 안내한다. 그리고 '하늘의 소리, 관음(觀音)'이 잇달아 등장한다.

이 소리는 어릴 때 들어본 기억이 있는 고요하고 적적할 때 나타나는 우주의 첫소리이다. 가죽처럼 질기고 돌처럼 단단한 업장도 우주의 첫소리, 관음(觀音)을 만나면 일시에 모두 소멸되어 사라진다.

한동안 백회에서 업장소멸을 주도하던 관음은 이마 앞 인당혈로 자리를 옮긴다. 인당혈은 요가의 대수행자만이 얻을 수 있는 마지막 수행처, 선가(仙家)에서 비밀리에 전해오는 상단전의 신비다. 불전(佛典)에는 법안(法眼), 혜안(慧眼), 불안(佛眼)의 근원지다. 이마 앞으로 자리를 옮긴 관음(觀音)은 소리의 입자가 더욱 고와지면서 빛으로 변하며 아미타불의 세계를 인도한다.

이러한 수행의 과정은 본인만 느끼는 주관적인 것이 아니다. 그 수준의 수행자라면 누구나 동시에 공유하는 객관성이 확인된다. 선지식의 스승은 전등(傳燈)의 법력을 갖추고 있다. 이처럼 후학들을 빠른 시간 내에 그곳으로 인도할 수 있는 스승이라야만 명안종사라 불려 질 수가 있을 것이다.

불전에 소개되는 보살의 이름 역시도 인격체가 아닌 법력의 대명사다. 고급수행자들은 이들 각각의 보살(菩薩)의 경지를 체험하면서 청정의 단계를 높여간다.

보살의 이름은 수행계제의 등급이며, 청정의 척도이다. 따라서 법력의 가시권이 된다. 천계(天界)의 구분은 보살의 맑음이요 마구니의 등급과 동일하다. 밑에서 보면 보살의 등급이요, 위에서 보면 마구니의 등급이다.

이처럼 마구니도 등급이 있어 세력이 큰 마구니의 제령은 일반적인 수행등급으로는 불가능하다. 오로지 마구니의 에너지를 능가할 수 있는 고급 보살의 법력이라야 비로소 제령할 수가 있다. 수행의 단계를 〈원각경〉에서는 12보살의 인도력으로 표현하기도 한다.

또 〈법구경〉에서는 제1의 악마를 눕힐 수 있는 초선(初禪)의 원력에서 제8의 악마를 눕힐 수 있는 '마음의 작용이 모두 끊어진 선정의 경지(想受處)'의 8단계로 표시하면서 천계(天界)를 대신 설명하고 있다. 이들뿐만 아니라 천계를 33천이나 66천으로 세분하여 그 표현의 미비성을 다시 보충하기도 한다.

그러면 한 소식 했다는 선승(禪僧)이나, 시중의 법사(法師) 운운하며 초능력이나 퇴마를 주관하는 착각도사들은 과연 몇 번째의 등급인가 궁금해진다. 그러나 이들은 영통자(靈通者)일 따름이지 천계(天界)와는 전혀 무관하다.

초자연계는 영계(靈界)3계와 천계(天界)3계로 대략 구분할 수 있다. 물론 이것들은 기록자의 견해에 따라 10등급이나 12등급 혹은 다르게 설명할 수도 있다. 이는 마치 무게나 길이를 측량하는 도량법을 g. m 혹은 파운드, 피트 또는 근(斤)이나 리(里)로 다르게 말하는 경우와 같다. 이해를 높이기 위해 아래 그림을 대신한다.

초 자 연 계		
천계(天界) (하늘의 세계)	3계	아미타불
	2계	관세음보살
	1계	대세지보살
		완충지대
영계(靈界) (윤회의 세계)	3계	선각자
	2계	멘탈계(수행자)
	1계	아스트랄계(무속인)

5) 하늘의 세계 2

시중에는 일가(一家)를 이룬 착각도사들이 기염을 토하며 자신이 국내 최고의 퇴마사며 살아있는 부처라고 허풍떠는 모습들을 간혹 볼 수 있다. 현대의학이 포기한 난치병과 이름 모를 심인성질환등을 치료할 수 있다면서 광고하고 있다. 얼핏 그들의 힘이 인간세상에서는 다소 신비롭게 보일 수가 있겠지만 깨달음의 맑음에서 오는 법력과는 비교 할 가치가 없다.

그래도 이제까지 앓았던 영병(靈病)이 깨끗이 나았다며, 혹은 죽은 영혼이 좋은 곳으로 천도되었다고 환자나 그 가족들은 말하고 있다. 하지만 그것은 '마귀 두목을 불러 마귀를 쫓은 행위'임을 바로 알아야 한다. 마치 진통제를 복용하고 잠시 통증을 잊은 상태일 뿐이다.

오히려 그들의 영혼은 지금보다 더 힘들고, 안타까움에 지쳐 구천을 맴돌면서 새로운 문제와 장애를 가져와 집안에 분란을 야기할 수도 있음을 명심해야 할 것이다.

죽음의 그늘에서 홀연히 일어나 깨달음의 세계를 가르쳐 주신 부처님은 인류의 큰 스승이시다. 깨달음의 그 곳은 무속인의 영계(靈界)를 뛰어넘은 또 다른 차원의 세계로 절대계,

천계(天界)다. 이곳은 모든 영혼을 한 등급 업그레이드시킬 수 있는 서방정토의 세계로써 오직 고급법문의 수행자만이 갈 수 있는 길이다.

'세례자 요한에 대한 예수의 증언(마태오 11;11)'에서도 절대계, 천계(天界)의 신령스러움을 대신 말하고 있다.

"나는 분명히 말한다.
일찍이 여자의 몸에서 태어난 사람 중에
세례자 요한보다 더 큰 인물은 없었다.
그러나 하늘나라에서 가장 작은이라도 그 사람보다 크다."

어떤 형태의 집중이라도 오랜 시간의 일념은 에너지를 모을 수 있고 이것을 운용하는 초능력이 생긴다. 세계적인 기독교의 목회자나 뛰어난 신통을 가진 스님들을 선각자라 일컫는다. 그리고 일단의 초능력의 사이비 각자들도 여기에 포함된다. 그러나 이들이 아무리 뛰어난 초능력을 자랑해도 그 힘은 영계3계를 결코 벗어날 수가 없다.

그 이유는 '응무소주 이생기심(응당 머무름 없이 내는 마음)'에 있다. '구하지 말며 의지하지 말며 상(相)을 짓지 말라'

의 평범한 진리만이 절대존재인 하늘의 세계를 맞이할 수 있다.
 이곳은 착각도사들의 놀이터가 아니다. 성령의 은사와 부처의 가피력을 들먹이며 신통과 초능력을 자랑하는 목회자들의 놀이터도 아니다.

 하늘의 세계는 나지도 죽지도 않고, 더럽거나 깨끗하지도 않고, 줄지도 늘지도 않는 '없으면서도 존재하는' 오직 하나인 절대적 존재인 것이다.
 이곳은 인격체의 하느님 나라도 아니요 초인격체의 하느님 나라도 아닌 절대계의 공간인 니르바나다. 시공을 초월하여 무소부재하고 무시부재하고 무소불위한 법력을 갖춘 성령이며 불성인 깨달음의 세계다.

 물고기들은 잘못 판단하여 그물을 뒤집어써서 한순간에 신세를 망친다. 문자란 그물의 형태로 공연히 문자를 고집하면 사람들도 물고기와 같이 뒤집어쓰고 끌려가는 우(愚)를 범한다. '영통이다, 신통이다.' '일심이다, 무심이다.' '초능력이다, 법력이다'며 온갖 미사여구로 표현을 달리해보지만 오직 본인의 체험과 선험(先驗)외는 자신할 수 없다.

 그러나 그 선험이 일시적인 것이 아니고 지속적이며 객관성이 있을 때 비로소 진리라 말할 수 있다. 하늘의 세계를 추상적으로 논하지 말라! 구체적이며 실제적으로 법력을 나타낼 수 있는 맑음만이 절대계를 설명할 수 있다. 난치병을 치료할 수 있는 치료능력과 그 어떤 무당이나 퇴마사도 감당하지 못하는 지독한 영적인 장애를 벗겨낼 수 있는 실제적 퇴마가 가능한 법력이어야 한다.

달마대사께서는 "不立文字 格外道理 直指人心 見性成佛 문자를 세우지 않는 형식 밖의 도리, 마음을 바로 봄으로써 본성을 만날 수 있고 그곳이 부처가 되는 길"임을 말씀하셨다. 맑음은 형이상학에서 끝나지 않고 현실속의 형이하학에서 그 실체를 확연히 보여 줄 수 있는 것이다.

세존께서 말씀하시기를
"수보리야. 너는 어떻게 생각하느냐,
아라한이 생각하기를 '내가 아라한 도를 얻었노라'라고 하겠느냐?"
수보리가 사뢰었다.
"아니옵니다. 세존이시여,
왜냐하면 실로 '이것이 진리라고 할 내용이 없는 것(實無有法)'을 이름하여 아라한이라 했을 뿐이기 때문이옵니다.
세존이시여, 만일 아라한이 생각하기를 '내가 아라한 도를 얻

었노라' 하오면

 이는 곧 '나라는 생각(我相), 남이라는 생각(人相), 중생이라는 생각(衆生相), 오래 산다는 생각(壽者相)에 집착하는 것이옵니다.

 세존이시여, 부처님께서 저를 '다툼이 없는 삼매(無諍三昧)를 얻은 사람가운데서 제일 으뜸이라' 말씀하셨습니다.

 이는 욕심을 여읜 첫째가는 아라한이란 말씀입니다.

 하지만 세존이시여, 저는 욕심을 여읜 아라한이라는 생각을 하지 않습니다.

 세존이시여, 제가 만약 '내가 아라한 도를 얻었다'고 생각한다면 세존께서는 곧 수보리에게 '아란나행을 즐기는 자'라고 말씀하지 아니하셨을 것입니다.

 수보리가 실로 아란나행을 한다는 생각이 없기 때문에
　'수보리가 아란나행을 좋아하는 자'라고 이름 하셨사옵니다.
<금강경 일상무상분>

6) 조사어록

● 구지스님

[벽암록] 19칙에 구지(俱胝)스님의 한 손가락 세우는 얘기가 나온다. 대중들이 구지스님께 불법(佛法)에 대해서 물으면 아무런 말도 않고 손가락 하나를 세웠다. 스님은 도(道)를 묻고 법을 묻는 모든 사람들에게 손가락 하나만을 세웠기 때문에 사람들은 그 손가락에 깊은 뜻이 있다고 믿게 되었다.

스님 밑에 동자승(童子僧)이 있었는데 스승인 구지스님이 손가락 하나를 세우는 것을 늘 보았다. 그리하여 스님을 찾아오는 사람이 있으면 아예 자기가 손가락 하나를 세워 보였다. 사람들은 동자승의 선답(禪答)에 질려 구지스님도 만나보지도 못한 채 돌아가 버리곤 하였다. 뒤늦게 이 사실을 알게 된 스님은 동자승을 불러서 찾아 온 손님들에게 뭐라 했느냐고 물었다.

이에 동자승은 손가락 하나를 세웠다. 구지스님은 동자승이 자기를 흉내 내고 있는 줄 알고는 칼로 동자승이 세운 손가락을 순간 잘라 버렸다. 깜짝 놀라 비명을 지르며 동자승은 피 흐르는 손가락을 움켜쥐고 뛰쳐나갔다.

스님이 달려가는 동자승을 불렀다. 동자승이 멈추어 돌아보자 예의 그 손가락을 세웠다. 동자승도 따라서 손가락을 세웠으나 이미 손가락이 잘리어 세울 손가락이 없었다. 그때 동자승의 머리에 무언가 스치는 것이 있었다. 깨달음이 닥쳐왔다.

손가락 하나를 잃고 깨달음을 얻을 수 있다면야 얼마나 다행스러운 일이겠는가! 이것은 문장을 이어나가기 위한 끝맺음의 기교일 뿐이다. 깨달음을 문자와 말로써 설명한다는 것은 절대 쉬운 일이 아니다. 깨달음이란 맑음과 함께 언제나 법력이 같이 나타난다.

전등(傳燈)이란, 법력의 또 다른 표현으로서 한 개의 불로 전체의 어둠을 밝힐 수 있듯이 준비되어 있는 맑음은 그 불을 잇고 또 잇는다.

그러나 현실적으로는 그 깨달음의 불 또한 어떠한 것이 진실인지를 알 수가 없다. 그냥 관념적인 언어뿐이라 구도(求道)에 목메는 수행자들을 당황케만 한다.

과연 깨달음이란 무엇인가? 신비한 힘인 초능력인가, 불치병을 치료할 수 있는 기공(氣功)실력인가, 아니면 생불(生佛)이라 칭송받는 제도권내의 인가일까? 이것도 아니고 저것도 아니면 그럼 '부처의 가슴과 예수의 머리'를 가진 프리섹스 왕국의 아쉬람인가...

☯ 임제선사

선(禪)의 검객 임제는 구도자의 기상이 어떠해야 하는가를 '살불살조(殺佛殺祖)'의 한마디로 모든 수행자들의 가슴에 비수를 꽂는다.

"그대가 바른 견해를 얻고 싶거든
타인으로부터 미혹(迷惑)을 받지 말라.
안으로나 밖으로나 만나는 것을 모두 죽여라.
부처를 만나면 부처를 죽이고,
조사(祖師)를 만나면 조사를 죽이고,
아라한(聖人)을 만나면 아라한을 죽여라.
부모를 만나면 부모를 죽이고,
친척이나 권속을 만나면 친척이나 권속을 죽여라.
그리함으로 비로소 해탈하여 그 무엇에도 구애받지 않으리라."

부처를 죽이고 조사(祖師)를 죽이라면 타종교에서는 이해하지 못하리라. 제자더러 자신의 스승을 죽이라고 스스럼없이 말한다면 그것은 패륜아의 짓으로 사형감이요, 신성모독으로 영원히 씻을 수 없는 죄악이다. 그러나 불교에서는 이를 당연히 받아들이고 존경하다 못해 구도자의 귀감(龜鑑)으로 여긴다.

　이것은 어디에도 의지함이 없는, 누구에게도 기대지 않는 당당함을 말하고 있다. '자등명 법등명이요,' '무소의 뿔처럼 혼자서 가라'는 법어다.
　'구하지 말며, 의지하지 말며, 상(相)을 짓지 말라'는 불전(佛典)의 무위진인(無位眞人), 무의도인(無依道人)을 재해석 할 따름이다.

　선사(禪師)들의 표현이 다소 거칠고 과격한 것은, 산(生) 체험을 죽은 언어와 문자를 빌어 표현하려고 하기 때문이다. 따라서 파격적인 용어를 쓰지 않을 수가 없다. 거죽의 표현보다 그 속뜻을 알아차리면 맑은 정신이 번쩍하고 생기가 난다.

　임제 선사는 다시 사자후를 토한다.

　"함께 도(道)를 닦는 여러 벗들이여,
　부처로써 최고의 목표를 삼지 말라.
　내가 보기에는 부처도 한날 똥 단지와 같고,
　보살과 아라한은 죄인의 목에 거는 형틀이요,
　이 모두가 사람을 구속하는 물건이다."

틀에 박힌 형식과 전통적인 인습과 인식을 강력히 부정한 임제였다. 그가 교화(敎化)의 길을 고향인 하북지방으로 떠나려고 할 때의 일이다. 스승 황벽이 그를 불러 물었다.

"어디로 가려 하는가?"
"하북으로 돌아갈까 합니다."

그러자 황벽이 시자를 불러 그들의 대스승인 백장선사의 선판(禪判)과 궤안(机案)을 가져오라고 일렀다. 선판과 궤안은 일종의 깨달음의 증표다. 이때 임제가 소리쳤다.

'시자야, 불을 가져오너라!'

그 깨달음의 증표를 불태워 버리겠다는 것이다. 증표가 문제가 아니라는 것이다. 진정한 깨달음을 얻었다면 증명서가 필요할 리가 없다. 문제는 깨달음 그 자체에 있는 것이지, 보이기 위한 형식이 아니기 때문이다.

깨달음의 증표는 법력이다. 이것은 눈으로 볼 수 있는 것도 아니고, 손으로 만질 수 있는 것도 아니다. 그러다보니 착각도사와 궤변철학자들이 등장하여 임제어록을 함부로 들먹이며 '부처를 똥 막대기나 똥 단지'로 비교하며 자기를 정당화 시킨다.

임제의 이러한 드높은 기상을 알고 황벽은 이렇게 말했다. '그대는 훗날 천하 사람들의 혀끝에 자리 잡고 앉게 되리라.'

임제는 정신적인 자유를 부르짖는다. 인습과 전통을 무시 하면서 부처와 조상을 죽이라는 막말을 서슴지 않는다. 그러 나 이것 또한 훗날 착각도사의 혀끝에 놓이는 우(愚)를 남기 는 공해(公害)가 될 줄이야 그는 짐작조차 못했을 것이다.

"여래상설(如來常設)하사대 여등비구(汝等比丘)는 지아설법 (知我說法)을 여벌유자(如筏喻者)라 하니라. 법상응사(法尙應捨) 어든 하황비법(何況非法)가 하니라.

'너희들 비구는 내가 말한바 법(法)이 뗏목과 같은 줄을 알라' 하였으니 진리도 오히려 놓아 버려야 하거늘 하물며 그릇된 법 (法)이랴"

5. 견성(見性)

5. 견성(見性)

'내 안의 참 나'가 자성(自性)이다. 자성을 만나는 것이 견성(見性)이다. 그 자리는 '밝고 밝아서 소소영영하여 우매하지 않고 요요하게 항상 머물러 비추니 말로써는 표현할 수가 없다!'며 감탄과 경외로 끝맺는다. 그래서 조실스님께 견성을 인가받는 세습이 생기게 되었다. 그러나 지금은 그러한 제도도 사라졌다. 그 이유는 뭘까? 의문이 생긴다.

모든 부처와 조사가 전한 마음법의 진수가 견성(見性)이다. 이렇게 숭고하고 거룩한 견성을 사이비교주들이 제멋대로 끄집어내어 견성자격증을 매매한다. 한마디로 소가 웃을 일이다. 성철스님은 '몽중일여'가 견성이라 했는데 그것도 너무 주관적이다. 과연 견성은 구체적인 정황이 없는 것일까? 하지만 절대로 그렇지 않다.

여기에 그 해답이 있다. 분명 '밝고 밝아서 어리석지 않고 항상 빛으로 가득차다'고 말하고 있음에 우리는 힌트를 얻어야 한다.

몸소 체험적으로는 백회가 열리고 관음(觀音)을 득하는 그 시점이 견성이다. 자타일여의 수행자는 모름지기 항상 밝음이 가득하고 맑음이 그윽하다. 그 맑음은 법력으로 변하여 자정능력을 발휘하여 육신의 탁기를 몰아낸다. 나아가 본인의 업장을 소멸하고 5대조 조상들의 영혼을 편안하게 모시며 일세해탈을 꿈꾼다.

1) 묘한 촉감

선정이 어려운 것은 언제나 수많은 생각이 끊임없이 출몰하여 집중을 방해하기 때문이다. 이것을 정리하여 한 곳으로 몰입하는 것이 선정이다. 이를 얻기 위해서는 정신 통일하는 방법을 연구해야 한다. 도를 닦는다는 것은 거울위의 먼지를 닦는 것과 같다. 일상의 잡념과 한 걸음 나아가 지식과 견해 그리고 분별을 성찰하면서 초월하는 것이다.

잡념은 마음에서 일어나는 여러 가지 복잡한 생각을 말한다. 여러 가지 생각을 정리하여 하나의 집중된 일념으로 순화시켜야 한다. 그리고 또 한 발 나아가 일념에서 무념으로 초탈할 때 성불(成佛)이 가까워진다. 부처는 무념, 즉 생각이 없다. 나라는 아상(我相)이 사라지면 누구나 부처가 될 수 있다.

나라는 아상(我相)이 사라지면 원래의 그 자리에 되돌아간다. 그 자리가 진여(眞如)다. 빛깔도 없고 소리도 없고 냄새도 없고 모양도 없는 것이다. 무명무상절일체(無名無相絶一切)- 이름도 없고 모양도 없고 모든 것을 초월한 것이 무념의 세계며 부처의 자리다.

세존이 이구율 나무 밑에서 앉아계실 때에
장사꾼 들이 가까이 와서 묻기를 "수레가 지나가는 것을 보았습니까?"
세존이 말씀하시기를 "보지 못했노라."
장사꾼이 말하기를 "수레가 지나가는 소리를 들었습니까?"
세존이 말씀하시기를 "못 들었노라."
장사꾼이 말하기를 "선정이 아닙니까?"
세존이 말씀하시기를 "선정이 아니니라."
장사꾼이 말하기를 "졸지 않았습니까?"

세존이 말씀하시기를 "졸지 않았노라."
장사꾼이 탄복해서 말하기를 "참으로 거룩하고 거룩하십니다. 세존은 깨달아 계시면서도 보지 않았습니다." 하고 비단 두필을 바쳤다.

부처님이 선정에 든 것도 아니요, 졸지도 않았는데 수레가 지나가는 것을 보지도 못했고 듣지도 못했다니 이게 도대체 어찌된 일일까? 이것이 가능할까. '의식이 있는 것도 아니요, 있지 않는 것도 아닌' 상황은 도대체 어떤 경우일까?

부처님의 32상 가운데 미간에 백호광이 묘촉의 실상이다. 묘촉(妙觸)은 묘한 촉감의 줄인 말이다. 졸지도 않고 선정에 들지도 않은 일상의 시간에도 미간의 천목혈은 강렬한 빛으로 눈부시게 활동한다. 어둠의 용병들인 마구니를 제도하고 인연 있는 온갖 생명들의 업장을 녹이는 빛의 파노라마다.

깊은 침묵의 명상은 내가 없음(沒我)의 삼매를 가져와 거울에 묻은 때를 씻는 힘이 되어 양파껍질을 하나씩 벗기듯 청정을 서서히 높여간다. 청정이 지속되면 집중의 밀도가 높아져 관(觀)이 완성되고 이때쯤 의식과는 전혀 다른 심안(心眼)이 개발되면서 드디어 묘촉이 나타난다.

손바닥과 발바닥에 나타나는 뜨거움과 시원함, 정수리를 꾹 꾹 누르는 압박감이 묘촉의 현장이다. 초심자의 묘촉은 몸에 나타나는 기이한 느낌의 신비함이지만 고급수행자의 묘촉은 그 자극이 너무나 강렬하여 언제나 입정(入定)의 유혹을 뿌리칠 수 없을 정도다. 하물며 부처님의 경지는 서방정토를 비추는 불광(佛光)임에는 틀림이 없다.

어느 수행단체를 막론하고 관법을 중시하고 이를 종(宗)으로 삼고 있지만 묘촉을 논하지 못하면 모두가 허구(虛構)다. 묘촉(妙觸)이 없는 관(觀)은 무심이 아니라 의식의 집중이 아직 관여하고 있는 일심이다. 이들은 아직 일심의 범주를 벗어나지 못한 단순한 집중의 형태일 따름이다.

초발심의 집중은 의식이 주(主)가 된다. 의식의 집중에서 한 발 나아가 의식이 '있는 것도 아니요 있지 않는 것도 아닌' 집중이 관법이다. 의식을 초월한 관(觀)은 결과를 기대하지 않는 무주상보시와 같다. 관법은 의식이 개입되지 않는 무위(無爲)의 세계로 나설 때 비로소 자연의 흐름에 편성할 수 있다. 관(觀)은 묘촉을 유발하고 묘촉은 관을 유도한다. 삼매는 내가 없는 몰아(沒我)가 시작점이다.

세존이 앉아 계실 때에 발타마라와 아울러 열여섯 분의 보살(菩薩)이 곧 자리로부터 일어나서 부처님 발에 정례하고 부처님께 고하여 말하되

"스님들이 목욕할 때에 육신의 신체가 느끼는 감각도 아니요, 물의 감각도 아닌, 내외(內外)의 주관과 객관이 아닌 묘촉을 얻었사옵니다.

이것은 이미 먼지를 씻는 것도 아니며, 또한 몸을 씻는 것도 아니라 중간이 연연하여 있는 바가 없음을 얻음이라, 묘한 촉감이 선명하여 불자주(佛子住)를 이루었습니다."

2) 배부른 사자가 얼룩말 보듯이

불교에서는 마음을 금강심(金剛心)이라고 한다. 마음이 몸뚱이가 시킨 대로 하면 생각이 된다. 그래서 아상(我相, 에고)이 사라진 마음이 금강심이다. 에고가 붙어있는 마음은 뒷간보다 더 더럽다고 임제선사는 말한다. 에고가 사라진 마음은 본래부터 있었던 자성(自性)만이 그 자리를 지킨다. 그래서 상대성이 아닌 절대적 성품이다.

아상(我相)이 사라진 마음이 도심(道心)이요 불심(佛心)이다. 이들과는 반대로 아상(我相)이 살아 숨 쉬는 마음, 뒷간보다 더 더러운 마음을 잘 나타낸 부처의 설법이 있다.

부처가 마하가섭을 비롯하여 제자를 거느리고 라자그리하로 들어올 때의 일이었다. 가야산의 작은 언덕을 올라 왔을 때 라자그리하의 한곳에 불이 나서 훨훨 타고 있었다.
 부처는 그 광경을 보고 제자들에게 말하기를
 "비구들이여, 모두가 불타고 있다.
 비구들이여, 눈에서 불이타고 마음에서 불이 타고 있다.
 이 마음과 눈이 물건에 접촉할 때 감각의 불이 타고 있다.
 비구들이여, 어떤 불에 의하여 타게 되는가?
 탐욕의 불, 진애의 불, 치정의 불로 인하여 타고 있다.
 이와 같이 귀가 소리를 들을 때,
 코가 냄새를 맡을 때,
 혀가 맛을 볼 때,
 몸이 접촉할 때 감각으로 인하여 불타고 있다.
 눈, 귀, 코 등의 감각기관이
 빛깔, 소리, 냄새 등의 경계에 접촉하여
 감각, 지각, 의식을 일으킬 때에 삼독(三毒)의 불이 일어나며 나고, 늙고, 병나고, 죽고, 근심, 슬픔, 괴롬, 번민의 불이 타고

5. 견성(見性) **141**

있다.

　비구들이여, 만일 이 가르침과 같이 눈, 귀, 코 등의 여섯 가지 감각기관이 빛깔, 소리, 냄새 등 여섯 가지 경계를 좇아 타는 불이 일어남을 알고 그것을 멀리 여읠 줄을 알아 삼독(三毒)의 불을 떠나면 그때 나는 해탈했다는 지혜가 나며, 번뇌가 다하고 깨끗한 범행(梵行)이 성취되어, 나고 죽는 죽음의 수레바퀴는 멈추게 되리라."　　＜율대회부＞

　부처는 삼독(三毒)을 지닌 육신의 마음으로는 윤회의 수레바퀴를 멈출 수 없다고 했다. 오직 삼독(三毒)의 불을 떠날 때 비로소 생사를 초월할 수 있음을 말하고 있다.

　마음법에 대하여 달마대사께 물었다.
　"불심이 무엇입니까?"
　달마께서 말씀하시기를
　"마음에 다른 모습(相)이 없으면 진여(眞如)라고 이름 한다.
　마음을 바꿀 수 없으면 법성(法性)이라 이름 한다.
　마음이 매이지 않으면 해탈(解脫)이라 이름 한다.
　마음이 거리끼지 않으면 보리라 이름 한다.
　마음의 바탕이 조용하면 열반(涅槃)이라 이름 한다.

(心無異相 名作眞如 心不可改 名爲法性 心無所屬
名爲解脫 心性無碍 名爲菩提 心性寂滅 名爲涅槃)

<달마선어록>

그 해 12월9일 밤에 많은 눈이 내렸다. 쌓인 눈이 무릎을 지났거늘 신광은 굳게 서서 움직이지 않았다. 이에 달마께서 가엾게 여겨 물으시기를 "네가 눈 속에 오래 서 있었으니 장차 어떤 일을 구하려 하느냐?"

신광이 슬피 울면서 말하기를 "오직 원하오니 화상께서는 자비로써 감로법문을 열어서 중생을 널리 제도하소서."
-중략-

신광이 묻기를 "여러 부처님의 법인을 가히 얻어 들을 수 있겠나이까?"

달마대사가 말씀하시기를 "여러 부처님의 법인은 사람으로부터 얻는 것이 아니니라."

신광이 말하기를 "저의 마음이 편안치를 못하오니 스님께서 편안하게 해 주실 것을 비나이다."

달마대사께서 말씀하시기를 "마음을 가지고 오너라. 너의 마음을 편안하게 해주겠노라."

한참동안 마음을 찾아 헤매든 신광이 말하기를 "마음을 아무리 찾아봐도 가히 찾을 수 없습니다."

달마대사가 말씀하시기를 "너에게 마음을 편안케 해 주는 것을 마쳤느니라."

달마대사와 앞으로 2대 혜가로 거듭날 신광과의 첫 대면 장면이다. 마음을 찾으려고 아무리 둘러봐도 없다는 신광의 말에 마음은 있는 것이 아니고 존재하는 것이라는 우문현답이다. 우리가 마음이라고 표현하는 것은 기실 자성(自性)을 의미한다. 그냥 자성이라 표현하면 이해가 빠를 텐데 굳이 마음이라 표기하는 까닭을 알 수 없다.

혹시 마음을 순수영혼이라 말하는 자이나교의 기술방법을 굳이 피하려는 의도는 아니였을까? 자이나교의 이론은 순수영혼(지바)이 핵심이다. 하늘의 이치(理致)가 인간의 육신에 귀의하면 자성(自性)이 된다. 모든 생명에는 이 순수영혼인 지바(jiva)가 실체로서 존재하며, 이 지바(jiva)는 업(業)에 의하여 속박되어 활동을 중지한다고 설명한다.

지바(jiva)는 불교와 동시대에 흥기(興期)한 자이나교의 핵심적인 교리다. 지바(jiva) 혹은 지바아트만(命我)은 존재의 순수영혼으로 설정된 것이었다. 자이나교의 창시자 마하비라는 업(業)을 바로 지바에 달라붙는 일종의 미세한 물질로 간주했다.

이 업에 끼인 물질에 의해 순수영혼(지바)은 때가 끼고 계박을 당한다. 따라서 자이나교의 추종자들은 이 업(業)물질을 순수영혼으로부터 벗겨내는 고행(苦行)을 해야 한다. 그런 탓에 그들로서는 고행이 수행의 전부요 수행 그 자체다. 육신을 학대하는 고행만이 그들 수행의 가치를 높일 수 있다. 고행을 통해 이 때(塵)가 제거되면 순수영혼 지바(jiva)는 순수한 제 모습을 드러내게 되는데 이 상태가 곧 해탈이요 열반이라 주장한다.

한마디로 고행지상주의자들의 이론이다. 하지만 부처께서는 "수행자들이여, 세속을 떠난 자(者)가 마땅히 피해야 하는 두 가지 극단이 있으니 하나는 삶을 향락에 내맡겨 향락(享樂)과 욕정(欲情)을 일삼는 것이고 또 다른 삶은 고행(苦行)을 일삼는 것이니, 이 또한 고통스럽고 어리석으며 얼마나 무익한 것이더냐! <율장. 대품>" 며 향락과 고행을 동시에 경계했다.

불교의 대승사상은 일체무아(一切無我)다. 모든 것이 공

(空)으로 귀착되는 공(空)도리에 순수영혼적인 자성(自性)의 등장은 씨도 먹히지 않는 사유임에는 틀림없다. 순수영혼이 실체로서 엄존한다는 생각 자체가 무아론(無我論)에 완전히 위배되는 것이다. 그래서 굳이 마음법으로 기술하지 않았나 추측할 수 있다. 시간이 흘러 5대 홍인대사는 자성(自性)의 위대성으로 마음법의 가치를 높인다.

 어찌 자성(自性)이 본래 청정함을 알았으리까
 어찌 자성(自性)이 본래 나고 죽는 일이 없음을 알았으리까
 어찌 자성(自性)이 구족(具足)함을 어찌 알았으리까
 어찌 자성(自性)이이 본래 흔들림이 없음을 알았으리까
 어찌 자성(自性)이 능히 만법을 냄을 어찌 알았으리까

3) 소리와 빛

영혼의 맑음은 업식(業識)의 소멸에서 시작된다. 추상적이지만 구체성이 함께 한다. 묘한 촉감이 맑음과 비례하면서 하나씩 하나씩 정체를 드러낸다. 묘촉의 첫 신호가 기(氣)의 느낌이며 그 다음이 백회의 개혈이다. 그리고 맑음의 구체성은

관음(觀音)을 만나는 순간 극대화가 된다.

관음(觀音)은 우주의 첫소리이며 '위대한 실체'의 속삭임이다. 그렇다고 비밀리에 전해오는 법문도 아니요 스승의 특별한 가피가 반드시 있어야만 득할 수 있는 신비의 법문도 아니다. '구하지 않고 의지하지 않고 상(相)을 짓지 않으면' 맑음과 함께 등장하는 대자연의 청정한 본 모습, 진여(眞如)다. 물론 그에 따른 법력이 함께함은 말할 필요도 없다.

청정이란 고기를 먹지 않는 채식자들의 육체적 맑음이 아니다. 또 계(戒)를 철저히 지키는 수행자의 지계를 말하는 것도 아니다. 청정은 몰아(沒我)에서 시작된 6근의 정복일 따름이다. 청정은 묘촉을 부르고 묘촉의 하이라이트는 관음이다. 관음(觀音)은 지난생의 업장소멸을 주도한다.

견성(見性)을 논하지만 아직 아무도 이곳이라고 정확하게 말하는 이가 없다. 그 까닭은 본성(本性)을 둘러싸고 있는 전생의 업장인 먼지(카르마)를 벗겨내지 못하면 깨달음의 그 자리인 진여(眞如)를 만날 수 없기 때문이다.

석가부처님 당시와 2천5백년이 지난 오늘의 현실과는 시간 속 업장의 모습과 두께가 각기 다르기 때문에 업장소멸을 이루기 전에는 견성은 절대로 불가하다.

한동안 백회혈에서 업장소멸을 주도하던 관음(觀音)은 이윽고 빛으로 모습을 바꾸며 서서히 앞이마 천목혈(天目穴)로 자리를 이동한다. 백회혈과 천목혈은 별도로 존재하는 것이 아니다. 그 때 그 때 업장의 상황에 따라 묘촉이 이동하는 것임을 알 수가 있다. 본성을 가로막은 마지막 업장은 본성에 가까울수록 그 밀도가 강하고 치밀하여 빛이 아니면 녹일 수 없다.

소리가 천목혈에서 빛으로 변하여 활발하게 움직인다. 이즈음 뒷머리 옥침혈도 강하게 발달하면서 마침내 하나의 원통으로 터널이 만들어 진다. 아즈나 챠크라의 개통이다. 그러나 아직 백호광(白毫光)이 법계를 비추기에는 이르다. 일상에서나 선정에서나 묘촉은 빛으로 앞이마를 자극하니 24시간 정(定)에서 머물며 하루를 마감한다.

4) 천목광장(天目廣場)

　원통의 터널이 완성되기까지는 아직도 길은 멀다. 앞이마의 천목혈에서 시작된 터널의 입구는 뒷머리 옥침관과는 별도로 작업을 계속한다. 어떤 날은 뒷머리에서 작업을 먼저 시작하면서 하나의 원형을 만들어 맞추고 있다.
　그러나 여기가 끝이 아니다. 터널의 원통에서 별도로 확장된 천목광장(天目廣場)이 서방정토의 모습으로 어렴풋이 어둠속에서 자태를 드러낸다.

　두정의 백회혈에서 수직으로 내려오는 마지막 6단계의 층이 앞이마와 뒷머리를 관통하는 가로형 원통의 터널과 연결되는 지점에 거대한 공간이 펼쳐진다.

　천목광장(天目廣場)이다! 하지만 그 모습이 아직 익숙지 않다. 넓디넓은 공간의 개념뿐 무엇을 의미하는지 이해가 불가능하다. 하지만 바로 이곳이 장엄하고 화려한 빛의 근원지 서방정토임을 나중 비로소 알게 된다.

　터널의 완성에는 반드시 밝은 빛이 머물러야 한다. 깊은 침묵의 정신통일은 순백의 맑음을 증폭시키면서 관음(觀音)을 득하지만 아직 갈 길이 멀다. 현묘한 묘측들이 방금 만들었지만 개통된 터널은 그 모습이 거칠고 어둠의 잔해가 남아있다.

깊은 침묵의 삼매는 마음법을 뛰어 넘는다. 내가 누구인지, 내가 어디에 있는지 모두가 공(空)이다. 소리의 입자가 더욱 고와지면서 마침내 빛으로 그 모습을 바꾼다.

빛의 대명사는 아미타불이다. 아미타불의 눈부신 광명은 아무리 끝없이 길고 긴 암흑의 어둠의 공간이라도, 혹은 세기를 뛰어넘은 무한대의 지독한 칠흑의 깜깜한 어둠의 시간일지라도, 한 순간 찬란한 빛의 행차에 무명(無明)의 어둠은 흔적도 없이 소멸된다.

기독교에서도 빛은 하느님의 대명사이다. 그리고 하느님을 아버지라 부른다. 대중들에게 쉽게 설명하기 위해 마치 인간의 모습을 띤 빛의 하느님을 연출한다.
   그러나 God은 천지만물의 창조주이며 대자연의 모체(母體)다. 우리의 생각을 뛰어넘은 위대한 실체, 절대적인 하나(一)이다.

불교의 보살(菩薩)도 이와 비슷하다. 예측불허의 험난한 세월 속에서 순간마다 닥치는 위기의 삶을 살다보니 보호령이나 수호천사의 손길을 간절히 바라게 된다.

그래서 빛의 대명사인 아미타불을 중심으로 맑음의 근원인 대세지보살과 소리의 화신인 관세음보살이 인간의 모습을 띠고 그 존재를 알리게 된다.

달마대사가 중국의 2대조사가 되는 혜가에게 법(法)의 진수를 가르친다.

"도(道)를 얻기 위해서는 먼저 주변을 정리해야 한다. 밖으로는 복잡한 사연, 나쁜 환경을 다 떨쳐버리는 것이 우선이다.

그리고 내심(內心)으로는 이 생각, 저 생각이 없어

마음이 흐르는 물과 같아 머무름이 없어야만 도(道)에 들어 갈 수 있다. 그래야만 진정한 깨달음이라 이른다."

혜가스님이 오랜 참선 끝에 스승께 가지가지 마음의 성품을 말한다. 그러나 이렇게 답해도 틀리고 저렇게 표현해도 모두 틀리다고 하니 지내온 허송세월에 자신의 모습이 무척 실망스럽다. 다시 마음을 다 잡고 용맹정진 한다.

그러던 어느 날 문득 깨닫고 숙연히 말하기를

"제가 이미 모든 주관과 객관, 물질계와 정신계 등

인과(因果)를 잇는 모든 인연을 쉬었습니다."

달마께서 말씀하시기를

"아무 생각이 없는 단멸(무기공)을 이루지 아니 했느냐?"
혜가가 말하기를 "그런 일은 없나이다."
달마께서 말씀하시기를 "자네가 그 곳을 보았다 말인가!"
혜가가 말하기를 "네, 그 곳은 비고 밝게 항상 비쳐서 우매하지 아니하여 잡념과 망상이 뚝 떨어졌지만 그렇다고 단멸공에 떨어진바 없습니다. 그리고 항상 스스로 빛으로 가득 차 주변의 어둠을 사냥하듯 빛을 송출하고 있습니다. 또 분명하고 밝고 밝은 마음자리는 소소영영하고 성성적적하게 그대로 있어 알기 때문에 말로써는 미칠 수가 없습니다."

달마께서 무릎을 치시며 말씀하시기를
"그것은 바로 여러 보살과 조사(祖師)들이 전하신 마음의 본체, 마음의 자체가 그런 것이다.
네(혜가)가 깨달아서 아는 경지가 바로 그것이니 다시 의심하지 말라."

[능엄경]에 이르기를 관음(觀音)을 '범음, 해조음, 승피세간음'으로 나누어 설명하지만 지금껏 상징적으로만 여겨왔다. 또 "시방허공이 모두 다 녹아 없어져 버린다"며 [능엄경]에서 수행의 과정을 마치 그림 그리듯 설명하고 있지만 작금(昨今)의 수행자들은 경험해 보지 못한 탓에 모두들 원론적

인 주장과 상징적인 묘사로만 이해할 뿐이다.

덩달아 큰 스님네들은 마음의 체험을 들먹이며 본인의 계제(경지)를 말한다. "정작 수행이 그 경지에 가면 은산철벽(銀山鐵壁)을 만나고 그것을 놓을 때 마음이 체험을 통해서 깨달아 알게 된다"며 알듯 모를 듯한 말만 연발한다.

그러나 그렇지가 않다. 깊은 침묵의 명상 뒤에는 몸이 없어지고 시방허공이 없어진다. 가끔씩 눈을 떠서 주위를 둘러보면 세상물상은 그대로다. 그러나 눈을 감으면 모두 흔적 없이 사라진다.

육신도 그렇다. 육신의 무게가 느껴지지 않아 의식을 돌려 손으로 몸을 만져보는 해프닝이 연출되나 분명히 있다. 그러나 또 입정(入定)에 들면 무게가 없어진다. 이것이 '있는 것도 아니요, 있지 않는 것도 아닌' 소소영영하고 성성적적한 적막의 세계다.

그 다음의 경지가 소리와 빛이다. 입정에 들면 소리의 파장은 빛으로 변하여 언제나 삼매를 이끈다. 천목광장에서 발산된 황금너울이 앞장서서 이마 한 복판에 나타난다.

이제까지의 업장소멸을 주도하던 관음(觀音)은 잠시 물러나고, 깊은 침묵의 공간 앞에 소소영영하고 성성적적한 아미타부처가 육근의 문(이마 한 복판)에서 항시 자금광을 비춘다.
아미타 부처님이 어디에 계시는가!
마음에 붙여 두어서 부디 잊지 말라
생각하여, 생각이 다해, 생각이 없는 곳에 이르면
6근의 문에서 항상 자금광을 놓으리라.

문) 투시술(透視術)과 자타일여(自他一如)란?

답) 나와 남이 하나가 된다는 것은 주관과 객관이 하나가 되는 삼매의 첫걸음이다. 독서삼매에 빠지면 시간이 금방 흘러 가 버리는 경험을 한다. 삼매란 어떤 대상과 하나가 되는 것으로 시간뿐만 아니라 내가 어느 장소에 있는지 조차 까맣게 잊어버린다. 눈앞의 환경과 대상이 나와 하나가 된다는 사실은 어쩌면 내가 없어진다는 표현과 같다.

선정(禪定)이란 내가 없는 몰아(沒我)의 상태다. 불전(佛典)의 무아(無我)는 몰아조차 없는 그 자리를 뜻하며 진여(眞如)라 이름한다. 육신의 6근이 작용하지 않을 때 정(定)에 들 수 있고 그 때 비로소 지혜가 나타난다. 지혜란 초능력이기보다 청정이며 법력이다.

법력이란 상대방의 작품이나 저서를 통하여 작가의 맑음을 점검할 수 있는 능력이다. 일종의 투시술이다. 이는 시냇물이 맑으면 바닥의 모래와 자갈이 훤하게 보이는 이치와 같다.

투시술이란 심령술의 일종으로 독심술, 공중부양 등 마술(魔術)과 연관된 눈속임에 불과하다. 하지만 자타일여의 현상은 투시에 그치지 않고 상대방의 막힌 경혈을 치료할 수 있으며 상대에게 맑음을 전등할 수 있다.

물론 한, 두 번에 완전한 치료가 되지는 않는다. 하지만 상대가 수행에 관심을 가지고 정형외과의 재활운동 하듯이 마음을 열면 어떤 질환이라도 짧은 시간에 완치가 가능하다.

그러나 이러한 맑음이 처음부터 나타나는 것은 아니다. 맑음의 시작은 고통을 수반한다. 영혼이 맑아지면 많은 사람들이 모이는 장소에서 심한 탁기를 느낄 수 있다. 두통을 호소하며 몸에 꽉 낀 옷을 입은 듯 답답함이 나타나기도 한다.

물이 높은데서 아래로 흐르듯 맑음은 탁함과 교차되면서 탁기의 역류를 경험한다. 특히 착각도사나 기복의 맹신수행자를 만나면 상대방의 병소(病巢)를 직접 주입하듯 경험하니 그 고통은 경험하지 않으면 이해할 수 없다.

허나 이들 역시 전생의 인연이다. '옷깃만 스쳐도 인연이라 했거늘' 언젠가는 내가 스스로 갚아야 할 빚이다. 저자 역시도 사회생활을 못할 정도로 심각했다. 그래서 주위사람들에게 '또라이'라고 수근대는 웃지 못할 일화도 있었다. 그래서 무작정 집을 뛰쳐나왔고 그러한 고행은 십여 년간 계속되었다.

그러나 지금은 너무나 평화롭다. 눈을 감고 정(定)에 들면 밝고 밝은 묘촉이 금방 나를 잊어버리게 한다. 아니 일상에서도 언제나 맑음의 관음이 미간에 백호광을 비추니 언제나 한가롭다.

이 모든 변화가 아상(我相)의 정복이다. '있는 것도 아니요 있지 아니한 것도 아닌' 아상! 아상(我相)이 없어지면 맑음은 수직상승을 그으며 걸림이 없는 법력을 나타낼 수가 있다.

그럼 자타일여는 괴로움만 선사하는 악(惡)인가? 물론 그렇지 않다. 자타일여는 업장소멸의 근본이다. 업장(業障)이란 지난 생의 빚으로 처음에는 백회가 개혈되는 순간 업장소멸이 시작된다. 육신의 질병부터 시작해서 지난 생의 작은 업장이 녹아지면 본격적인 맑음이 나타난다. 그때부터 자타일여의 현상이 시작되니 수행에 매진함으로써 하루라도 더 빨리 고통에서 해방할 수가 있다.

일상의 수행자는 이 시기를 잘 조절해야 만이 백회가 가동을 멈추지 않는다. 백회의 가동은 업장소멸을 주관하는 핵심적인 사항이다. 흔히 일상에서 취미로 도(道)를 닦고자 하는 이들에게 초자연계의 함정을 들먹이는 이유가 여기에 있다.

앞서가는 스승을 만나지 못하면 그 고통을 혼자서는 감당할 수가 없다. 그렇지 않으면 주변을 정리하고 일상을 탈출하여 산(山)으로 들어가지 않으면 다른 해결책이 없다.

백회의 개혈과 관음법의 위대함을 갖추지 못한 엉터리 스승은 있으나 마나 할 뿐 아무런 도움을 주지 못한다. 그들은 무늬만 스승이지 실제내용은 어둠의 용병들이다.

우리가 겪은 지난 생이 한두 번이 아닐진데 평생을 해도 다 갚지 못할 수천수만 생의 그 지독한 인과의 빚을 어찌 고작 수년 만에 다 갚을 수 있으랴.....

그렇지만 우리에게는 희망이 있고 자신감이 넘쳐난다. 여기

'구하지 말고 의지하지 말며 상을 짓지 않는' 관음(觀音)의 무심법이 여러분을 기다리고 있다.

문) 불. 법. 승 삼보(三寶)란?

답) 불법승 삼보(三寶)가 세 가지인 것 같지만 세 가지가 각기 다름이 없는 바로 그 마음자리를 말한다. 가톨릭의 삼위일체설인 성부와 성자와 성령과 같다. 마음에서 불(佛)이 나오고 법(法)이 나오고 승(僧)이 나온다. 스님을 보배로 숭배하라는 뜻이 아니다.

'오늘날의 삼보(三寶)는 그 말과 뜻이 옛것과 다르다. 지금 말세에 우리가 귀의하는 삼보는 불상이나 사리가 불보(佛寶)가 되고, 부처님이 설법하신 경전은 법보(法寶)가 되고, 부처님의 제자들인 삭발염의한 스님들은 승보(僧寶)가 된다. 그것이 주지삼보(住持三寶)이다. 불법이 말세까지 주지하는 삼보이다.

그러나 본래의 의미는 마음에 둘이 없다는 것으로 동체(同體)삼보, 자성(自性)삼보를 말한 것이다. 마음에 각조라는 것이 있다. 각조가 바로 불보이다. 불(佛)을 번역하면 바로 각

(覺)이다. 하나의 동일한 궤범, 궤지 같은 것은 법보(法寶)가 되고 화합은 승보(僧寶)이다.

 그것은 둘이 없는 도리이다. 마음자리가 법을 그대로 가지고 있고 각조가 바로 본가의 법이 되어서 그 덕성을 궤지하는 것은 바로 법보이니까 각조와 궤지가 둘이 아니다. 또 마음이 여러 가지로 갈등을 일으키면 안 된다. 마음속의 순수하고 청정하고 오묘한 진리에 부합되는 것이 화합이다. 갈등이 없이 화합된 것이 승보이다 승가(僧家)를 번역하면 화합(和合)이라고 한다.

 이와 같은 것이 동체삼보이다. 동체란 것은 세 가지로 나눌 수 있지만 그 본체가 하나임을 의미한다. 하나라는 말은 일체(一切)라는 뜻이다. 일체는 둘이 없는 불이법문이다. 일체가 바로 동체이고 동체가 일체이기 때문에 그 자리는 둘이 없는 것이다. 마음이 바로 부처라는 말이다. 각조의 소소영영하고 적적한 마음자리가 바로 부처요, 그 마음이 바로 법이라는 것이다.'

- 覺性 스님 법문에서 -

5) 이론가들

어느 스님이 혜충국사(國師)께 물었다.

"발심하여 출가한 것은 본래 부처 구하기를 위함이니 알지 못하겠습니까만 어떻게 마음을 써야만 곧 성불(成佛)을 얻을 수가 있습니까?" 하고 물었다.

국사께서 말씀하시기를 "마음을 쓰는 것이 없는 것이 곧 성불함을 얻는 것이니라."

또 스님이 묻기를 "마음을 쓰는 것 없다면 어느 누가 성불(成佛)합니까?"

혜충국사가 말씀하시기를

"마음이 없으면 스스로 이루나니 부처도 또한 무심(無心)이니라."

또 스님이 믿어지지 않아 되묻기를

"부처님께서는 위대한 불가사의가 있어서 능히 중생을 제도하셨지만 만약 마음이 없다면 어느 누가 중생을 제도합니까?"

국사께서 답하시기를

"무심(無心)으로 제도한 것이 참으로 중생을 제도한 것이니라. 만약에 중생을 제도하고자 하는 마음이 있는 것을 본다면 곧 이 마음이 있는 것이니 그것은 유심(有心)이므로 무심이라 말할 수 없는 것이니라"

혜충국사는 6조 스님의 제자로 국사가 된 분이다. 국사께 '성불하기 위해서 삭발염의하고 발심 출가했는데 어떻게 용심(用心)해야만 성불을 얻을 수 있는지'를 제자스님이 물어 왔다. 국사께서는 '용심(用心)이 아니라 마음을 쓰지 않는 무심'이라야 됨을 친절히 설명하고 계신다.

용심(用心)이 아닌 이 무심(無心)은 아무것도 하지 않는 마음이 아니다. 자연과 코드를 맞춘- 인위가 소멸된 무심은 무위(無爲)- '함이 없는 함'이다.

무심론(無心論)보다 한 수 진보된 '평상심이 도(道)'라고 주장한 무심론의 거목은 마조선사다. 마조스님은 6조의 손자 상좌로 남악 회양선사의 상수제자다.

마조가 좌선을 많이 익히는 것을 인하여 어느 날 벽돌을 가지고 암자 앞에서 갈고 있으니 마조가 묻기를 "벽돌을 갈아서 무엇을 만들려고 합니까?"

남악스님이 말씀하시기를 "갈아서 거울을 만들려고 한다"

"벽돌을 갈아서 어떻게 거울이 됩니까?"

"벽돌을 갈아서 이미 거울이 되지 않는 것을 안다면 좌선함에 어찌 성불(成佛)함을 얻겠는가?" 라는 우문현답으로 제자의 어리석음을 깨우친다. 이것이 기조가 되어 대각을 얻어 '평상심시도(平常心是道)'로 심법의 선맥을 만들고 이것을 제자

남전스님이 계승한다. 후세에는 오로지 남전의 말로 널리 알려지게 되었음이다.

남전스님은 걸출의 선승(禪僧)조주의 스승이다.

어떤 스님이 조주선사에게 "개에게도 불성이 있습니까?" 하고 물었더니 "없다(無)"라고 일언지하에 자른다. '구자무불성'이 한마디가 불가(佛家)종문의 한 관문으로 온갖 못된 지식과 견해, 그리고 그릇된 알음알이(分別智)를 꺾어버린 도구이며 또한 부처님의 면목이고 조사들의 골수이다.

여기에서 한 걸음 더 나아가 황벽스님은 '무(無)도 버려야 한다'며 버릴 사(捨)를 주창한다. 모든 번뇌를 깎아내는 '무(無)'를 대패로 삼아 앞서나가지만 대패질과 함께 떨어지는 종잇장처럼 얇은 나무껍질인 포설(飽屑)의 알음알이가 또 한 번 공부를 그르치니 대패조차도 버려야함을 지적한다.

"마음이 곧 부처요, 무심(無心)이 곧 도(道)이니라.
그러므로 부처를 따로 구하려 말 것이니
구(求)함이 있으면 모두가 고통이니라.

몸과 마음이 모두 함께 없음을 이름하여 오도(吾道)라 하느니라"

다시 말하기를

"그대가 진정 자유롭고자 한다면 안으로나 밖으로나 몸과 마음에 대한 집착을 모두 버려야 한다." 며 무착(無着)과 마음이 머무름이 없는 무주(無住)와 무심(無心)을 강조한다.

여기에서 끝나지 않고 '없을 무(無)'도 아니요, '버릴 사(捨)'도 아니라며 선(禪)의 검객 임제스님은 마음이 낸 생각은 일념이든 무념이든 버려야 하는 것이 아니라 모두 죽여야 한다며 그 유명한 살불살조(殺佛殺祖)의 명언을 낳는다.

선(禪)의 검객 임제선사는 부처를 만나면 부처를 베고, 조사를 만나면 조사를 베라며 사자후를 토한다. "석가여래의 가르침은 다른 것이 없다. '수행자가 분별망상에 빠지면 육도중생으로 윤회하면서 고통을 받는다'는 것을 왜 모르느냐! 따라서 부처를 믿는다면 부처상에 빠지는 것"이라고 누누이 설명하고 있다.

"함께 도(道)를 닦는 여러 벗이여,
그대들이 참다운 견해를 얻고자 한다면 오직 한 가지!
세상의 속임수에 걸리지 말아야 한다.
안으로나 밖으로나 만나는 것은 바로 죽여 버려라.
부처를 만나면 부처를 죽이고 조사를 만나면 조사를 죽이고,
나한을 만나면 나한을 죽이고, 부모를 만나면 부모를 죽이고,
친척권속을 만나면 친척 권속을 죽여야만이 비로소 해탈하여 어떠한 경계에서도 얽매이지 않고 인혹(人惑)과 물혹(物惑)을 꿰뚫어 자유인이 될 것이다."

조사(祖師)의 말씀은 살벌하고도 난폭하나 논리적이다. 무(無)의 자리를 돌파하기 위해서는 생각을 버리고(捨), 한 발 나아가 죽여서(殺)까지 주관과 객관이 모두 없는 텅 빈 공(空)으로 마음의 본체를 얻어야 한다.

정말 들으면 들을수록 그럴 듯하다. 허나 이론가들의 말들은 언제나 귀를 황홀하게 하지만 도를 깨치는 과정은 생략되고 그 결과만 무성하다. 무(無) 자체를 버리고(捨), 또 버리는 것 까지 죽이고(死) 주관과 객관이 모두 없는 텅 빈 상태를 말로써만 설명하면서 왜 실체를 전하지는 못하는가?

조사어록에는 말이나 글로 전부를 전하는 것을 금한다(語 忌十成)고 늘어놓지만 이것 역시 이론가들의 궤변인지 알 수 가 없다. 아니면 '불립문자(不立文字) 격외도리(格外道理)' 로 포장하여 그 알맹이는 모르면서 이론으로만 전개되어 내 려오고 있지 않았을까?

청출어람(靑出於藍)이라 후학들의 지혜가 더 빛나고 결과 가 있음은 당연한 것이다. 그런데도 불구하고 아직 대열반을 이룬 수행자가 없다는 것은 종교라는 믿음의 덫으로 혹시 도 색한 것은 아닐런지.

6) 기복신앙

종교란 믿음이 우선이다. 신심(信心)은 영혼을 살찌우고 하늘나라와 불국토에 입문하는 티켓이 된다. 불법승 삼보(三 寶)를 가슴에 새기며 새벽기도와 철야기도로 신봉한다. 그것 도 모자라 삼 천배나 삼보 일 배로 오늘도 부지런히 기도와 염불로 하루를 마감한다. 또 무주상보시와 십일조를 천국의 온라인계좌에 입금한다고 굳게 믿고 열심히 실행에 옮기고 있다.

 구하라 그러면 받을 것이요
 찾아라 그러면 얻을 것이다
 두드리라 그러면 열릴 것이니라
 "누구든지 구하면 받고, 찾으면 얻고, 문을 두드리면 열릴 것이다. 너희 중에 아들이 빵을 달라는데 돌을 줄 사람이 어디 있으며 생선을 달라는데 뱀을 줄 사람이 어디 있겠느냐?
 너희는 악하면서도 자기 자녀에게 좋은 것을 줄 줄 알거든 하물며 하늘에 계신 너희아버지께서야 구하는 사람에게 더 좋은 것을 주시지 않겠느냐?"   -마태오 7;7-11-

 성서(聖書)의 구절은 온 마음을 모아 '하느님 아버지께 정성을 바치며 두드리고 구하고 찾아라'며 엄마젖을 보채는 어린이의 애절함으로 조르고 떼를 쓰라고 주문한다. 그러면 하늘의 문을 열어 줄 것이라고---

 모든 종교는 정성을 다하여 기도하고 염불(念佛)하고 떼를 쓰면 소원이 이루어진다며 철야기도로 대신하고 삼천배로 봉송한다. 그것도 모자라 조상영혼을 편안하게 모시면 우환이 없고 소원성취 한다며 영가천도제를 지낸다.

또 백중날에는 잊어버린 조상들까지 들먹이며 영혼제를 부추긴다. 어찌 보면 사찰은 석가부처의 가피를 팔아 불사(佛事)를 일으키고 교회는 예수의 영혼을 팔아 교세를 늘린다고 말하지 않을 수가 없다.

종교는 이념과 이벤트로 구성되어있다는 비교회주의자들의 이론을 경청하지 않을 수 없다. 독일의 나치즘이나 이북의 주체사상도 기복신앙의 또 다른 장르일 따름이다.
 맹신(盲信)은 신비의 탈을 쓰고 기복(祈福)은 사기를 치고 있다. 과학의 잣대로 신비를 고정하지 말라. 불교의 등신불이다! 혹은 가톨릭의 성모의 기적샘이다! 하며 신비 또 신비다. 과학은 결코 완성이 아니다. 신비한 것은 그 이상도 아니고 그 이하도 아니다.

정신통일은 오감의 세계를 벗어나 신비의 세계로 진입하는 계기가 된다. 굳이 종교인이 아닐지라도 오랜 시간 정신을 집중하면 눈에 보이지 않는 세계가 있음을 체험하게 된다.
 신비가 아닌 깨달음의 세계는 신비를 초월하고 그 신비를 창조하는 법력이 된다.

"한 물건도 생각하지 않는 것이 곧 자기의 본래 마음이니
(不思一物 卽是自心)

그것은 두뇌로 알바가 아니다. 다시 다른 수행이 없다.

이것을 믿고 깨달아 들어가는 자(者)가 진짜 삼매를 맛볼 것이다.

법은 기교나 비법이 없다. 자연의 흐름, 무위(無爲)가 대도(大道)다. 수행자들이여, 무념(無念)이 부처의 경지

- 최상승이 되느니라.

모두 배우는 무리들에게 말하노니
밖으로 달려 구하는 것이 없어야 하느니라(心外無佛).
부처의 최상승의 법이란
응당 구하거나 의지하거나
상(相)을 짓는 것이 없느니라.
무념(無念)으로 종(宗)을 삼고
무작(無作)으로 근본을 삼는다.
대저 진여(眞如)는 생각이 없음이라,
생각으로 능히 알바가 아니요,
실상(實相)은 나타나는 것이 없음이라,
어찌 몸과 마음으로 그것을 볼 수 있으랴!

무념(無念)으로 생각하는 것은 곧 진여를 생각함이요,
무생(無生)으로 내는 것은 바로 실상을 내는 것으로,
머무는 것은 항상 열반에 머물고
행하는 것은 곧 저 언덕에 뛰어남이라,
생각 생각이 구함이 없으면
구하는 것은 본래가 무념(無念)이니라."

-하택 신회 선사-

6. 대승법문

6. 대승법문

대승법문(大乘法問)은 격외의 도리, 형식을 초월한 불가사의한 진리를 말하고 있다. 또 다른 시각으로는 불교유신운동의 한 분기점으로 성문(聲聞), 독각(獨覺)의 편협되고 일방적인 수행체계를 뛰어넘는 마음법의 재탄생이다. 마음법이라는 현묘한 언어로 현실의 상대적인 시각에서 초탈하여 절대계의 모습을 재조명하고 있는 것이다.

학자들은 대부분 절대계를 비현실적이며 비경험적인 관념의 이상세계로 인식한다. 그러다보니 눈에 보이는 현상계의 이론이 대세다. 그래서 일체의 차별주의를 거부하는 대승정신인 일승(一乘)을 주장한다.

일승(一乘)이란 과연 무엇인가? 그것은 곧 나 혼자만이 성불할 수 있다든지 혹은 내가 속한 어느 집단만이 구원을 얻을 수 있다고 하는 우월의식이나 특권의식의 거부를 말하는 것이다. 이 우월의식·특권의식의 거부가 곧 대승의 출발이다.

아무튼 절대계의 묘사이든 불교유신운동이든 간에 대승이 내포하는 것은 격외의 도리, 형식을 초월한 불가사의한 진리를 설명하고 있는 것은 사실이다.

부처의 삼법인(三法印)은 유신불교운동이 주장하는 교리다. 제행무상(諸行無常), 일체개고(一切皆苦), 제법무아(諸法無我)다. '세상의 모든 존재는 변하고, 만물은 불완전해서 고통을 당하며, 실체적 관념의 '나'는 없다'는 것이다.

삼법인 중 가장 궁극적이라 할 수 있는 "제법무아(諸法無我)"가 대승법문의 핵심교리가 된다. 일체법이 무아(無我)다. 모든 사물이 실체가 없는 허상(虛想)이라는 것이다.

일체의 모든 법이 유명무실, 이름만 있을 뿐이고 실체는 없다는 것. "무아"의 가장 원초적 의미를 규정한 대승의 가르침은 공(空)의 의미와 같이한다.

실로 공(空)이란 비현실이며 비경험적인 절대계의 모습으로 열반이다. 곧 니르바나다. Nir가 없다는 뜻이고 vana가 소리라는 뜻으로 적멸(寂滅)을 의미한다.

1) 소승과 대승 그리고 초대승

 소승(小乘)은 무엇이며 대승은 무엇이냐? 글자그대로 작은 수레와 큰 수레다. 그럼 소승이 좋은거냐 대승이 좋은거냐? 아무렴 큰 게 좋지 작은 게 좋을까보냐, 큰 수레가 넉넉하고 좋을 게 아니냐! 그러면 초대승은 더욱 더 좋고 편안할 것 아닌가!

 부처가 떠난 지 5백년쯤에서는 불교는 아주 정체되어 생명력을 잃다시피 하였다. 이때에 새로운 불성운동이 일어났다. 쉽게 말하면 불교개혁이 일어난 것이다.
 이 불교유신운동이 대승불교다. 불교유신운동이 대승불교로 자처하니 지금까지의 정통 불교는 소승불교 혹은 상좌 불교라 하게 되었다.

 "대승불교운동은 기존의 성문과 독각을 소승으로 내몰면서 BC 1세기에서 시작되었다. 그들도 7세기 무렵에는 밀교에 밀리게 된다. 초대승이 바로 밀교다.
 밀불교는 부처가 가장 경계한 남녀의 교합 속에 무슨 오묘한 진리가 있는 듯 가르치며 남녀의 교합을 종교의식으로 행한다. 밀교는 섹스교이지 불교는 아니다. 그러나 불교의 경전을 같이 공부하다보니 밀불교로 행세한다.

 이 밀교는 티베트와 몽고로 교세가 확장되면서 문란한 성도덕으로 성병이 크게 유행하였다. 그리하여 징키스칸에 의하여 일어난 몽고제국이 멸망하는 한 원인이 되었다.
 밀교가 신라 명랑(明朗)등에 의해 한반도에 전해져 신라, 고려의 망국을 재촉하였다. 조선조가 불교를 배척하고 탄압한데는 불교의 타락이 더 큰 원인이 되었다.

 오늘에 와서 인도의 사상가로 알려졌으며 반야심경, 십우도 등을 해설한 라즈니쉬가 밀교도이다. 인도에 있는 라즈니쉬의 아슈람(수도장)에는 에이즈 성병검진을 받고 들어와야 한다는 표지가 붙어있다. 그것은 무엇 때문인가?
 아슈람에서 수행인끼리 자유로운 성교가 이루어지고 있다는 광고인 것이다. 그러므로 에이즈에 걸린 사람은 들어오지 말라는 것이다. 라즈니쉬의 글을 읽으면 곳곳에 성적결합의 섹스신비경을 강조하고 있다. 성불하려다 여인의 유심계곡에 굴러 떨어져 무간나락에 빠진 가엾은 사람이다.
 라즈니쉬는 사이비 불교사상가다."

- 〈박영효의 불교사상〉중에서 -

설간이 말하기를 "어떤 것이 이 대승의 견해입니까?"

6조께서 대답하셨다. "지혜의 밝음(明)과 번뇌의 근본인 무명(無明)이 둘이 없으니

둘이 없는 성품이 곧 바로 진리의 본 모습인 실상(實相)이다.

실상이란 범부(凡夫)와 어리석은데 있어도 줄어지지 않고,

성현(聖賢)이 된다고 해서 늘어난 것도 아니며,

번뇌에 머물러 있어도 산란하지 않고,

선정에 있어도 고요하지 않음이라.

아주 없어지는 단멸도 아니고

그렇다고 늘 상(常) 있는 것도 아니며,

오는 것도 아니고 가는 것도 아니며,

중간과 그 내외에 있지를 아니하며,

나지도 않고 없어지지도 않으며,

성(性)과 상(相)이 여여하며 항상 머물러서 변천하지 않는 것을 이름하여 도(道)라고 말한다."

설간은 당나라 중종의 심부름으로 6조 대사를 국사로 모시려갔던 내시장이다. 중종은 그 유명한 측천무후의 아들이다. 그때나 지금이나 종교의 수준이 그저 그렇다. 불우한 이웃을 돕고 불사(佛事)를 일으키는 선근(善根)이 지상과제다. 나쁜 것은 버리고 좋은 것은 취하는 권선징악인 세속적인 미덕이

최상의 법문이다.

그러나 6조께서는 '지혜의 밝음과 번뇌의 어두움이 결코 둘이 아니라며 중생이 부처요, 번뇌가 보리' 라며 대승법문을 논한다. 대승법문이란 한마디로 절대계를 묘사한 것이다. '불생불멸 불구부정 부증불감'의 6불의 세계가 대승을 대표한다.

상대계의 지식으로는 절대계를 이해할 수 없다. 석가부처의 위대성이 여기에 있다. 이론상으로만 존재할 수 있는 절대계를 6년 고행 끝에 보리수아래서 마침내 도달했다는 사실이다.

다음은 김용옥교수〈금강경〉의 대승에 관한 해석이다.

"소승"은 뭐고, "대승"은 뭐냐?

'통상적이고 일반적인 견해로 남방불교는 소승불교이며 북방불교는 대승불교로 칭한다. 그럼 미얀마 · 타이 등지에서 보는 불교는 소승이고, 한국 · 중국 · 일본의 불교는 대승이란 말인가? 마치 소승 · 대승이라는 말이 규정되는 어떤 고정적 대상을 가지고 있는 것처럼, 그들의 어휘 속에서는 소승과 대승이 실체화되어 있는 것이다.

 "대승"이란 말은 물론 "대승"이라는 말을 사용한 사람들이 그들의 "대승"됨을 정당화하기 위한 수단으로, 상대적으로 "소승"이라는 말을 지어냄으로써 역으로 대승의 존재이유를 확립하려한데서 생겨난 말일 뿐이다. 다시 말해서, 소·대승의 구분개념은 실제로 "소승"과는 무관한 개념이다. 즉, 대승에게는 소승이 존재하지만, 소승에게는 소·대승의 구분 근거가 근원적으로 존재하지 않는 것이다. 남방에 가서 그들에게 우리가 규정하는 의미맥락에서 당신은 소승이냐고 물으면, 그 말에 고개를 끄덕이는 자들은 아무도 없을 것이다.'

 '불교사적으로 "소승"이란 주로 "부파불교"를 가리키는 것이다. 그리고 대승이란 이 부파불교를 근원적으로 비판하고 나온 어떤 혁신적 그룹의 운동을 규정하는 말이었다. 그렇다면 우리의 소·대승에 대한 이해는 바로 이러한 역사적 정황에서 규정된 원래의 의미만을 정확히 맥락적으로 파악할 필요가 있다. 우선 우리의 논의를 단축하기 위해서 이러한 역사적 정황을 압축시킨 도식을 하나 제시해보자 !

소승 (Hinayana)	아라한 (阿羅漢, Arhat)	八正道
대승 (Mahayana)	菩薩 (Bodhisattva)	六波羅蜜

 그런데 문제는 이러한 도식적 이해 자체가 불교의 근본교의의 이해를 그르치게 할 수 있는 위험성을 내포한다는데 있다.'

 '역사적으로 싣달타라고 하는 어떤 실존인물이 있다. 그 싣달타라는 인간은 그의 삶의 어느 시점에 "아뇩다라삼먁삼보리"라고 하는 무상정득정각을 얻었고, 그로 인해 주변의 만나는 모든 사람들에게 깨달음의 감화를 던지는 훌륭한 인물이 되었다.'

 '그래서 사람들은 그를 "깨달은 자" 즉 "붓다"라고 부르고 그에게서 깨달음을 얻기 위해 몰려들었다. 몰려든 사람들이 싣달타 주변을 떠나지 않고 살게 됨에 따라 그들은 자연스럽게 어떤 커뮤니티 즉 집단을 형성하게 되었다.
 이것을 승가(僧伽, samgha)라고 불렀다. 아예 집을 떠나(出家) 전문적으로 승가에 상주하는 사람들을 남·녀 구분하여 비구(比丘, bhikṣu)・비구니(比丘尼, bhikṣunī)라고 불렸고, 그냥 가정을 유지하면서 집에서(在家) 승가에 다니는 사람들은 우바새(優婆塞, upāsaka, 信士), 우바이(優婆夷, upāsikā, 信女)라고 불렀다.'

'이 出家二衆과 在家二衆을 합쳐 우리가 초기 승단을 구성한 四部大衆(四衆, 四部衆)이라고 부르는 것이다. 그런데 인간세에는 항상 이러한 집단이 발생하면 집단의식이 생겨나게 마련이고, 이 집단의식은 항상 그 집단을 성립하게 만든 본래정신과는 무관하게 발전해 나가는 상황은 人之常情에 속하는 것이요, 역사의 정칙이다.'

'(불교초기집단에서 불타의 소리를 직접 들은 자들을 "聲聞"[śrāvaka]이라 불렀다). 이러한 프라이드는 그것이 도가 지나치고 고착화되고 장기화되면, 그것은 역으로 권위주의(authoritarianism)와 형식주의(formalism)와 차별주의(distinctionism)를 낳게 된다.
권위주의자들은 자신의 권위를 정당화하기 위해서 극존(極尊)의, 범인이 도저히 미칠 수 없는 신비스러운 권위의 상징으로 만든다. 왜냐하면 그렇게 해야만, 그의 소리를 직접들은 자기들만의 특수성의 권위가 확보될 것이기 때문이다.'

'부파불교의 상황은 정확히 이런 상황이었다. 싣달타의 사후, 불교는 아쇼카(Aṡoka, 阿育王, 治世 268~232 BC)라는 마우리아왕조 제3대의 名君, 轉輪聖王을 만나 크게 그 세를 떨쳤지만 이러한 세의 확대가 불교승단 내부에 많은 부작용을 가져오게 된 것은 쉽게 생각할 수가 있다.

포만은 부패를 낳게 마련이다. 아쇼카治世기간에 이미 보수적인 上座部(Theravāda)와 진보적이고 자유주의적인 大衆部(Mahāsāṅghika)의 분열이 생겼고, 이후 이 양대파의 세부적인 분열이 가속화되어 우리가 통칭 "부파불교"(部派佛教)라고 부르는 시대가 연출되게 되는 것이다. 이 부파불교시대를 대변하는. 소위 "小乘"으로 규정되는 대표적인 종파가 바로 "說一切有部"(Sarvāstivādin)라고 하는 아비달마 교학불교인 것이다.'

'부파불교의 수도인들이 지향한 이상적 인간상을 우리는 "아라한"(줄여"라한")이라고 부른다. 그런데 이 아라한이라는 말은 원래 초기불교 집단에서 인간 싣달타를 존경하여 부르던 열 개의 존칭(十號) 중의 하나였다.

1) 여래(如來 진리에서 온 사람), 2)응공(應供 응당 공양을 받을 사람) 3)정변지(正遍知 두루 바르게 깨달은 사람)

4)명행족(明行足 이론과 실천이 구비된 사람) 5)선서(善

逝 열반을 자유로이 드나드는 사람) 6)세간해(世間解 세상을 잘 아는 사람) 7)무상사(無上士 최고의 인간) 8)조어장부(調御丈夫 사람을 잘 다루는 사람) 9)천인사(天人師 신과 인간 모두의 스승) 10)세존(佛世尊 복덕을 구유한 자). (정확히 11개인데, 十號를 말할 때는 이중 하나를 뺀다.)

이중 두 번째의 "應供"이라는 것이 바로 "아라한"인 것이다. 應供 즉 아라한이란, 얻어먹어도 그것이 업이 되지 않는 사람이란 뜻이다. 그만큼 존경스러운 사람이란 뜻이다. 그런데 부파불교시대에 내려오면 이런 아라한의 의미가 변질되어 수도원에서 고립된 생활을 하는 수도인이 도달하는 최고의 성스러운 경지에 해당되는, 더 이상 배울 것이 없는 無覺位로서 아주 특수한 의미를 지니게 되었다. 그리고 그것은 有覺位인 1) 예류(五流 srota-āpanna), 2) 일래(一來 sakrād-āgāmin), 3) 불환(不還 anāgāmin)의 세 位를 거쳐 도달되는 四向四果의 極位로 엄격하게 설정이 되었던 것이다. 그러나 재미있는 것은 불타시대에는 불타든 제자든 應供의 사람들 모두에게 붙여졌던 이 아라한의 명호가, 부파불교시대에는 완전히 불타에서 분리되어 버렸다는 사실이다.

즉 부파불교시대에는 인간이 도달하는 최고의 성자의 경지가 아라한이며, 이 아라한은 절대적인 붓다의 경지의 下位개념으로서 설정된 것이다. 그렇게 되면 인간은 아무리 수도를 해도 붓다가 될 수가 없는 것이다.'

'이러한 부파불교시대에 서양에서는 "그노시스"(영지)를 추구하는 지혜운동이「요한복음」사상의 배경을 이루던 동시대에 등장한다. 출가자나 재가자를 불문하고 곧바로 불타가 될 수가 있다고 하는 대중운동이 발생했던 것이다. 이러한 새로운 진보세력은 아라한 됨을 추구하는 자들을 성문(聲聞), 독각(獨覺 pratyeka-buddha))이라 불렀다.

성문(聲聞)이란 곧 수도원(사원)내에서 고립된 생활을 하면서 자기들끼리 서로 가르치고 가르침을 받으면서 절차탁마 수행하는 자들이요, 독각(獨覺)이란 선생이 없이 혼자 산 속 같은데서 도사연하면서 깨달음을 추구하는 자들, 즉 토굴파들을 가리킨 말이었다. 바로 이들 새로운 진보세력이 이 성문·독각의 二乘에 대하여 새롭게 내걸은 一乘이 바로 "보살"(bodhisattva)이라는 새로운 개념이었다.'

'새 포도주는 새 포대에 담아야 한다! 보살이라는 개념은 곧 그들이 추구하는 새 생명과도 같은 새 포도주를 담을 수 있는 새 포대였던 것이다. 이 새 포도주를 우리가 보통 大乘이라고 부르는 것이다. 즉 대승이란 보살운동이다. 즉 보살이라는 개념이전에 대승이 없고, 대승은 보살과 더불어 출발하는 것이다.

그렇다면 보살이란 무엇인가? 절간을 신나게 나돌아 다니는 부잣집 "마나님들"인가? 아니면 스님들 공양을 지어 올리는 절간 부엌의 "공양주들"인가?

"bodhisattva"는 "bodhi"라는 말과 "sattva"라는 두마디로 이루어져 있다. "bodhi"는 "菩提" 즉 "깨달음"이다. "sattva"는 "살아있는 者" 즉 "有情"이라고 번역되는 말이다. 一說에 의하면 "sattva"는 "마음"(心)의 뜻이 되기도 하고, "바램"의 뜻이 되기도 한다. 이 설을 따르면, "보살"은 곧 "깨달음을 바라는 모든 자"의 뜻이 되는 것이다. 그런데 이 "보살운동"의 혁명적 성격은 바로 "보살"이 곧 佛位요 佛乘이라는 것이다. 즉 보살이 곧 부처 자신의 원래모습이라는 것이다. 싯달타가 곧 보살이었고(本生譚), 이 보살은 곧 붓다 즉 覺者가 된다는 것이다.'

'보살은 곧 아라한의 정면부정이다. 아라한이 승가라는 제도의 보호를 받는 특수한 디시플린의 출가자에 국한되었다면 보살은 출가자, 재가자, 가르치는 자, 가르침을 받는 자를 가리지 않는다. 즉 보살에는 僧·俗의 二元的 구분이 사라지는 것이다. 종교적 세계와 세속의 세계의 근원적 구분이 사라지는 것이다.

그런데 우리나라 사람들의 "보살"에 대한 교과서적 이해는 대강 이러한 것이다. 즉 "보살"이란 부처가 될 수도 있는 사람인데, 부처가 아니 되고, 중생의 구제를 위해 사회적으로 헌신하는 者이다. 소승이 자기 일신만의 구원을 추구하는데 반하여 대승은 일체중생과 더불어 구원받기를 원하는 者, 즉 소승은 차안(此岸)에서 피안(彼岸)으로 자기 혼자만 타는 일인용 보트를 타고 저어 가는데, 대승은 많은 사람과 피안으로 같이 가기 위해서 큰 수레, 큰 배가 필요한 者, 그 者가 곧 대승이다!

이러한 규정이 구체적으로 불경에 근거한 이야기이기는 하지만 우리나라 사람들의 대·소승에 대한, 즉 "보살"에 대한 이해를 아주 그르치게 만드는 망견(妄見)중의 망견(妄見)이라 생각한다. 우선 인간의 구원은 어떠한 경우에도 홀로 이루어질 수가 없는 것이다.

다시 말해서 인간의 구원의 길에는 一人用 보트와 萬人用 배가 따로 있을 수 없는 것이다. 인간의 구원의 개인성과 집단성을 기준으로 소·대승을 나누는 것은 극심한 망상(妄想)이다. 아무리 암자에 홀로 사는 미얀마의 스님이라 할지라도, 낙도에 떨어진 로빈슨 크루소라 할지라도 나 혼자만이 해탈한다는 것은 있을 수가 없다. 어차피 해탈의 길에는 인간과의 "관계"가 절연될 수가 없는 것이다. 그렇다면 한사람 백사람 만사람의 양적 차이에 의해서 아라한과 보살의 차이가 가려질 수는 없는 것이다.

둘째, 부처가 될 수 있는데 부처가 아니 되고 보살 노릇한다는 말도 참으로 어색하기 그지없는 억설이다. 부처가 될 수 있으면 언제고 그 자리에서 부처가 되야지, 어찌 부처가 되면 대중구원을 할 수 없고, 부처가 아니 되고 보살이 되어야만 대중구원이 가능하다는 그따위 엉터리없는 말이 도대체 어떻게 성립가능하단 말인가? 이런 엉터리없는 妄見이 바로 불법을 흐리게 만드는 마장인 것이다. 부처가 된다는 것과 보살이 된다는 것은 2원적 구분이 있을 수 없다! 부처가 곧 보살이요, 보살이 곧 부처다! 지장보살이 어찌 부처가 아닐 수 있으리요!

대승의 기준은 "큰 수레"가 아니다. 대승의 기준은 "無我"

일 뿐이다.

無我의 반야를 실천 못하는 者, 南北을 無論하고, 東西를 莫論하고, 古今을 勿論하고 다 소승일 뿐인 것이다. 어찌 소승·대승이 고정된 함의나 대상을 가질 수 있으리오!

불교는 관념의 종교가 되어서는 안 된다. 불교는 체험의 종교인 것이다.'

- 김용옥의 금강경 중에서 -

2) 도덕불감증

출가사문인 두 비구스님이 각자 토굴에서 공부를 하고 있었다. 어느 날, 날이 저물 때 어떤 여인이 비구처소에 와서 "날이 어둡고 무서우니 하룻밤 자고 가게 해주셔요."하면서 부탁하였다. 비구스님은 "아무리 날이 어둡고 춥고 무서워도 여기서는 자고 갈 수 없다"고 거절했다. 그러자 그 여인이 다른 한 비구스님의 처소를 향해서 갔다.

부탁을 거절했던 비구스님이 다음날 자기 친구스님에게 가 보니 그 여인이 자기 도반의 토굴에 있는 것이다. 그래서 "스님, 어찌된 일이요?"하고 묻자, 얼굴을 붉히며 "어젯밤에 여인과 같이 잤다."는 것이다.

청천하늘에 벼락이 떨어진 듯 비구스님의 충격은 이루 말할 수 없었다. 이에 흥분한 비구스님은 그 여인을 죽여 버렸다. 진솔한 도반을 파계시키고 공부를 못하게 방해한 마구니라며 살인을 저질렀던 것이다. 결론적으로 한 비구는 강간을 범했고 한 비구는 살생을 범했다. 그 중 살인을 범한 것이 더 중하다.

홧김에 살인을 저질러 놓고는 문득 제정신이 돌아와 이성(理性)을 되찾은 비구스님은 자기 잘못을 진심으로 참회하려고 했다. 그래서 우바리 존자를 찾아가서 참회를 청했다. 부처님 십대 제자 가운데 지계제일인 우바리존자도 어느 정도 작은 죄라야 참회를 통할 수 있지 사람을 죽이고 파계한 4바라니 죄를 범한 것은 참회가 통하지 않는다고 해서 참회하는 것을 거절했다.

소승계에서는 4바라니 죄처럼 무거운 죄상을 참회가 불가능한 불통참회(不通懺悔)라고 한다. 실망한 두 비구가 피눈물을 흘리면서 이렇게 큰 죄를 범했으니 장차 어떻게 할까 하고 굉장히 비관을 하고 슬퍼했다. 그 때 유마거사가 나타나서 우바리 존자에게 "그대는 그런 식으로 설법해서는 안 된다."고 하시면서 두 비구를 구제했다.

두 비구를 불러서 앉히고 나직한 말씨로 "한 사람은 음행을 범했고 한 사람은 살생을 범했다. 그 죄는 무겁디 무거운 4바라니 죄이다. 그 죄를 가지고 오너라. 그러면 내가 참회시켜 주겠다."고 하셨다. 두 비구가 자기들의 죄를 아무리 찾아봐도 찾을 수는 없는 것이다.

허망하고 그릇된 마음에서 죄를 짓기는 지었지만 그 허망한 마음을 찾아본들 실체가 없는 것이다. 일체법이 무아(無我)다. 하나도 고정된 어떤 실체가 없다는 것이다.
그렇기 때문에 음살(淫殺)을 했다하여도 그것은 본래 없는 것이라는 뜻이다.
있는 것을 부정하는 식으로 없다는 것이 아니라 본래 비고 없는 도리를 깨달아서 없다고 한 것이다. 그래서 두 비구가 허망한 마음은 본래 없고 죄도 본래가 없는 도리를 깨닫게 되었다.

악행과 살인도 참회할 수 있다니 어찌 보면 황당하지 않을 수 없다. 그러나 실정법을 어긴 세속의 처벌이 없어진 것은 아니다. 우리가 자의든 타의든 실수로 남에게 엄청난 피해를 줄 수는 있다. 그러기에 실정법을 위반한 죗값은 당연한 것이고 또 그보다 더 중한 영혼의 죗값은 각인되어 세세생생 인과로 남는다.

위의 얘기는 대승법문, 마음법의 이치를 설명하기 위해 만들어놓은 픽션이지 실제가 아님을 우리는 잘알고 있다. 마음법이란 공(空)을 설명하고 절대계를 상징하는 이론이지 그 실체는 존재하지 않는다. 공(空)도리를 설명하다보니 이런 말 저런 말들이 만들어졌을 따름이다. 〈반야심경〉의 불생불멸 불구부정 부증불감은 절대계의 모습이다.

〈유마경〉은 대승의 극치진리를 설한 경전으로 부처님의 십대제자와 각 보살과의 대화를 문답식으로 설한 경전이다. 〈반야경〉뒤에 나타난 1세기경의 초기대승불교의 대표적 경전으로 유마힐이 증득한 불가사의한 해탈법문이다.

대승경전이 쓰여 진 것은 석가가 죽은 지 4,5백년 뒤의 일이다. 그러나 〈유마경〉에서 사리자가 숲속에서 좌선하다가 유마힐에게 몰리고 유마힐에게 병문안을 가서 천녀(天女)와의 대화에서 몰리는 이야기가 있다. 이것은 지어진 이야기지 사실이 아니다.

사리자는 석가보다 먼저 유명을 달리하였는데 마치 시간을 되돌린 이 같은 비유는 대승불교의 우위를 나타내고자 한 기술법에 불과하다. 그래서 부처의 수제자인 사리불을 곤경에 처하게 만들어서 말문을 막히게 만든 것이다. 그런 의미에서 특히 〈유마경〉은 현학적인 이론이 많다.

3) 공(空) 1

불교는 공(空)도리라 원래 없는 것으로 귀결한다. 천지만물이 있는 것 같이 보이지만 천지만물이 본래 없는 것이며, 동서고금(東西古今)도 본래 없는 것이다.

동서(東西)라 하는 것은 공간적인 것이며 고금(古今)은 시간적인 것이다. 그것은 본래부터 없던 것이며 없는 것이다.

그런데 왜 우리는 동서고금이 있다고 생각하는가? 그것은 우리가 기존의 선입관념을 못 떠나서 있다고 보는 것이다.

만유인력도 마찬가지다. 우리가 물위를 걷지 못하는 이유가 만유인력이 있다는 사실을 인정했기 때문이다. 하지만 물에 빠지는 현상은 당연한 것이다. 내가 있다는 자아(自我)는 눈에 보이는 육신의 한계를 결코 벗어 날 수가 없다.

그러나 깨달음의 세계는 지식과 견해 그리고 선입관이 모두 무너진 초자연적인 세계다. 깊은 침묵의 선(禪)은 자아(自我)의 한계를 뛰어넘어 자연의 근원과 하나가 되는 위대한 실체의 본 모습이다.

무아(無我)의 경지를 설명하기 위해서는 주입식 가르침이 필수다. 불전(佛典)의 자기최면적인 공(空)도리는 계속된다. 동서고금이 없는 경지에서 보면 경계가 공(空)한 것이다.

이것까지 인정하자. 그러나 그다음이 이해가 안 된다. 공간 속의 물체는 언젠가 허물어져 사라지니 그렇다 여기지만 시간은 분명 존재하는데 그것조차 없는 경지가 있다니 믿을 수도 없고 믿지 않을 수도 없다.

현대 물리학에서는 시간을 '깨뜨려진 병'이 깨어지기 전의 상황 또는 '기둥시계의 추가 되돌아가기 전 상황'이라 설명한다.

육신도 없고 마음도 없다고 한다. 거울에 비춰지는 그림만

환영이 아니라 육신 그 자체도 공(空)이라 이름 한다. 육신은 물거품이요, 마음은 바람과 같아 실제 있는 것 같지만 실상은 없는 것이다.

만물은 영원한 것이 아니라 일시적으로 생겼다 사라지는 것, 생긴 것은 항상 있는 그대로 존재하는 것이 아니라 바로 없어지거나 언젠가 소멸된다.

생자필멸(生者必滅)이라 생긴 것은 반드시 없어짐이 진리다. 그래서 생긴 것이 본래 없기 때문에 본래의 모습으로 돌아간다. 나무 잎이 본래 없기 때문에 가을이 되면 나뭇잎이 떨어져 뿌리로 돌아간다(落葉歸根).

육신도 마찬가지다. 7-80년을 살다보면 어느 새 노쇠하여 가을낙엽과 같이 제자리로 돌아간다. 6조 스님이 열반에 드시려 할 때 제자들이 "스님 지금 열반에 드시면 언제오십니까?"며 물었다. 6조께서는 답하시기를 "落葉歸根이라 來時無口니라(잎이 떨어지면 뿌리로 돌아간다. 오는 날을 말할 수 없다.)"고 하셨다. 본래 없던 잎이 나무에 피었다가 그 잎도 떨어져서 뿌리로 돌아가는 것이다.

조사들의 선문답(禪問答)은 어쩌면 알 것 같지만 뒤집어보면 아리송하다. 너무 추상적이고 주관적이며 감상적(感傷的)이다. 주입식의 가르침이 아닌 좀 더 구체적이며 객관적이며 이성적(理性的)인 법문은 과연 없는 것일까?

4) 공(空) 2

맑음을 얻기 위해서는 마음을 텅 비워서 마음의 생각을 떠나면 허심(虛心)이 된다. 마음의 생각을 떠나는 것이 어떠한 것인가? 곧 관법이다.

마음을 텅 비우라는 말은 시기하고 미워하고 계산하고, 또 이 생각 저 생각 복잡하게 하지 말고 일어나는 생각을 알아채고, 지우는 것이 아니라 그 일어나는 생각을 마음의 눈으로 -관(觀)하면 된다.

'어둠속을 살금살금 헤쳐 가는 도둑의 발걸음이 있다. 이때 갑자기 전등이 밝아진다. 도둑은 깜짝 놀라며 도심(盜心)은 위축되고 이제는 달아날 길만 보인다.'

우리의 생각이 밤도둑의 도심(盜心)과 같다. 정말 쓸모없는 생각들이 언제나 줄을 잇는다. 그때는 오로지 관(觀)의 불빛만이 생각을 잠재울 수 있다.

그러면 마음은 어느 새 허심탄회하고 태연자약해진다. 집중의 정신통일은 6근을 쉬게하면서 에고(아상)의 어둠을 헤치고 맑음을 잉태한다.

수행의 목표는 청정이다. 청정은 곧 법력으로 '위대한 실체'와 함께 한다. 불전(佛典)은 청정을 최고의 순수 맑음으로 표하고 공(空)으로 설한다.

공은 비어있는 듯하나 맑음으로 꽉 차 있는 것이다.

一始無始一 析三極無盡本 天一一 地一二 人一三

<天符經>

"태초에 말씀이 있었으니, 말씀은 하느님과 함께 계셨고 말씀은 하느님과 똑 같은 분이셨다. 모든 것은 말씀을 통하여 생겨났고 이 말씀 없이 생겨난 것은 하나도 없다."

(요한복음 1;1-3)

윗글은 공(空)에서 물질(色)이 만들어지는 과정을 설명한 것이다. 카오스(혼돈)에서 코스모스(질서)의 발원이다. 곧 무극(無極)이 태극(太極)이 된다. 기독교나 유교나 불교나 우리나라의 고신도(古神道)나 시작의 근원은 모두 같다.

맨 처음 생명의 근원이요 일체의 시작점은 태극으로 상대계다. 공(空)은 그 이전으로 '시작 없는 시작'이다. 텅 비어 있는 우주와 의미가 다르다.

우주는 형이하학인 물질(色)이고 공(空)은 형이상학인 절대계다. 〈반야심경〉의 불생불멸 불구부정 부증불감의 6불은 공(空)의 의미와 동일하다.

허공은 무한(無限)한 것이다. 허공은 우리의 오관으로 감지해서 알 수 있는 것이 아니다. 석가부처가 6년의 고행으로 찾아낸 원래의 자리, 진여(眞如)다.

적멸(寂滅)이라 고요하고 고요한 원래의 자리다. 또 밝고 밝아서 우매하지 않고 요요하게 항상 머물러 비춘다.

시승(詩僧)장사스님께 "허공이 있는 것입니까 없는 것입니까?"라고 묻자 스님이 대답하기를 "있다면 있고 없다면 없지요. 그러니 있다 해도 없다 해도 모두가 엉터리지요"

<벽암록36則>

7. 보림(保任)

7. 보림(保任)

깨달음은 견성(見性)이후에는 보림(保任)공부가 주가 된다. 견성한 후에 힘을 기르는 것이 보림(保任)이다. 힘이란 무엇인가? 법력이다. 법력이란 말은 추상적이며 신비적인 요소가 많다. 다른 말로 바꾸면 업장을 녹일 수 있는 힘이다.

그러한 힘은 어디서 나오는 것인가? 그것은 맑음에서 나온다. 그 맑음은 또 어디서? 맑음은 6근을 쉬게 함으로써 나타난다. 연기론의 주체인 12인연의 무명(無明)과 노사(老死)를 끊음으로 샘솟듯 흐르게 된다.

견성한 후에도 초발심과 같이 닦고 기르지만 보림 그 자체가 뭔가 닦을 것이 있어서가 아니다. '도는 닦는 것이 아니고 오염시키지 않는 것'으로 번뇌를 새삼 끊는 것이 아니라 자기성찰을 하는 것이다.

번뇌가 있는 것은 오염이다. 아라한도 미세유주가 흐르고 있다니 육신을 지닌 이상에는 어쩔 수 없다. 하지만 마음이 틈을 보여 마구니가 금방 달려드는 현상은 있을지언정 오염되는 것은 절대 있을 수가 없다.

6조께서 대중에게 말씀하셨다.
"나에게 한 물건이 있으니 위로는 하늘을 떠받고
아래로는 땅을 떠받고 있으며
밝기는 태양과 같고 어둡기는 칠통(漆桶)과 같으며
항상 동용(動用)중에 있으나 거두어 얻을 수 없다."
회양선사께서 그 말을 듣고 8년 동안 참구해서
그 도리를 알고서 다시 6조를 친견하였다.
6조께서 물으시길 "어느 곳에서 왔는고?"
회양스님이 "숭산(嵩山)에서 왔습니다." 라고 대답한다.
6조께서 말씀하시기를 "어떤 물건이 어떻게 왔는고?"
회양스님이 대답하기를 "한 물건이라고 말해 보여도 곧 맞지 않습니다."
6조께서 말씀하시기를 "그러면 닦고 증득함을 가지고 왔느냐?"
회양스님이 "닦고 증득한 것이 어찌 없기야 하겠습니까마는 곧 오염은 얻을 수 없나이다."

6조께서 말씀하시기를 "다만 이 오염이 안 되는 것이
바로 모든 부처님의 호념(護念)하시는 바라,
네가 이미 그와 같이 되었고 나도 또한 그와 같으니라."

1) 무위자연(無爲自然)

도(道)란 우주자연의 정해져 있지 않는 운행질서다. 대자연의 원리는 인공이 가미되지 않은 자연 그대로, 무위(無爲)다.
백척간두에 진일보하듯 조심스럽게 내 딛는 발자국도 이제는 더 이상 없다. 욕심을 부리지 않고 있는 그대로가 보림공부의 핵심이다. 굳이 말하자면 힘을 기르는 것이 아니라 그 힘을 놓는 것이다.

집중은 누구나 에너지를 만들 수 있다. 오랜 시간 정신을 집중하면 파워가 형성된다. 기독교의 하느님이든 불교의 부처님이든 아니면 산(山)기도의 무당이든 그 곳에 몰입하고 또 몰입하면 초능력이 나타나고 신통의 소유자가 될 수 있다.

그러나 이들은 상(相)을 의지하여 구하고 구하여 만들어진 것뿐이다. 그들은 언제나 우상(偶像)을 앞세워 몸 둘 바 모르며 황송한 자세로 칭송한다. 결국은 하느님의 은총일 뿐이며 부처의 가피일 뿐이며 산신령의 힘일 뿐인 탓에 그 능력은 유한할 뿐이다

부처는 깨달음을 얻은 이다. 우리는 부처를 만나는 것이 아니라 내가 부처가 되려는 것이다. 관세음보살을 친견하는 것이 아니라 내가 관세음이 되려는 것이다.
불전(佛典)에서 천상계를 33천으로 나눈 까닭이 맑음의 수준과 법력의 등급을 분류한 것이다.

부처의 신상(身相)을 모시고, 예수의 십자가를 숭배하며 불도(佛道)나 성도(聖道)로 자랑하지만 길을 잘못 들면 천상계가 아닌 영계(靈界)의 초능력자나 신통으로 빠진 무당과 진배없다.

오직 무심법만이 천상계의 마지막 33천을 통과하여 무상정득정각에 도달할 수 있다. 무심은 '응무소주이생기심'이다.
견성(見性)을 이룬 청정수행자는 한 치의 오차도 허용하지 않는다. 한 순간의 집착이 수행을 그르친다.

그 이유는 높은 집중의 강도가 순간적으로 에너지를 형성하는 탓에 모든 것을 놓고 또 놓아야 한다. 그러나 이들과 달리 초심자는 집중의 강도가 미미하여 설혹 길을 잘못 들어 착각에 빠진다 해도 그 파장은 별로다.

방하착(放下着)이 모든 비결의 이정표다. 지금까지 가지고 있던 모든 정보와 견해, 선입관까지 놓고 또 놓아야한다. 한의학의 경혈이론도, 묘촉도, 관음(觀音) 역시도……!

고급수행자라면 마땅히 지금까지 가지고 있던 작은 버팀목조차도 당장 놓고 자연에 순응해야 한다. 나쁜 습관을 버리는 것은 당연한 일이다. 하지만 불우한 이웃이나 말 못하는 동물들에게 느끼는 측은지심은 그대로 간직하면 안 될까?

저 옛날 영산회상에서 일이다. 한 번은 흑씨범지가 부처님을 찾아뵈었다. 그의 두 손에는 활짝 꽃핀 오동나무를 한 그루씩 뿌리 채 뽑아 들고 있었다. 범지는 수행을 통하여 이미 오신통(伍神通)을 갖추고 있었던 것이다.

이를 본 부처님은 말씀하셨다. "놓아라"
그는 오른 손에 쥔 꽃을 땅에 놓았다.

7. 보림(保任)

부처님은 또 "놓아라" 하신다.

이번에는 왼손의 꽃을 놓았다.

그러나 부처님은 또 "놓아라" 하신다.

어리둥절한 범지는 부처님께 여쭈었다.

"저는 아무것도 갖고 있지 않사온데 무엇을 또 놓으라 하십니까?"

부처님께서 말씀하신다.

"선인(仙人)아, 내가 놓아라 한 것은 그대의 손에 든 꽃을 놓아라 함이 아니다,

그대가 안으로 6근(六根)을 놓고,

밖으로 6진(六塵)을 놓으며,

중간에 6식(六識)을 놓아

가히 놓을게 없는데 이르게 되면

그때가 그대가 생사(生死)에서 벗어나는 때 이니라"

☯ 바수반두 존자

석가여래 이후 제13조 사야다 존자께서 바수반두 스님을 눈여겨보고 있었다. 그가 항상 하루 한 끼만 먹고 눕지도 않고 장좌불와로 주야를 두고 예불에 심취하였으며 그 뜻이 청

정하고 욕심이 없어서 대중에게 귀감(龜鑑)이 되는 것을 보고 일찍이 큰제목 감으로 생각하였다.

그래서 먼저 그의 제자들에게 물었다.
"그대들의 스승이 청정한 행(梵行)을 닦으니 불도(佛道)를 능히 이룰 수 있다고 생각하느뇨?"

그러자 대중들이 말하기를 "우리 스승님의 정진이 그와 같은데 어째서 옳지 못하겠습니까"

사야다께서 말씀하시기를 "너희들의 스승은 도(道)와 멀다. 설사 그 고행이 진겁(塵劫)을 지날지라도 다 허망의 근본이니라."

대중들이 말하기를 "존자께서는 어떠한 덕행을 쌓으셨길래 우리 스승이 잘못한다고 합니까?"

사야다께서 말씀하시기를 "나는 도(道)를 구하지 않고 또한 정신이 뒤바뀌지도 않으며

나는 예불도 하지 않고

또한 소홀히 보거나 교만하지도 않으며

나는 장좌불와도 하지 않고 또한 게으르지도 않으며

나는 한 끼만 먹지 않고 또한 여러 번 먹지도 않으며

나는 만족한 줄도 모르고 또한 탐욕도 내지 않는다. 마음이 바라는 바가 없는 것을 도(道)라고 말한다."

바수반두는 스승의 말을 듣자마자 이제까지 없었던 더없는 반짝이는 지혜를 발하였다. 이에 마침내 사야다께서는 바수반두에게 법을 전하니 게송으로 말씀하셨다.

언하에 무생(無生)의 도리에 합하니
법계의 성품과 같음이라
만약 능히 그들을 이해하고 알면
사(事)와 리(理)를 통달하여 마치네.
'말씀 한 마디에 나지 않고 죽지 않는 도리를 깨달으니 법계의 성품은 진리(眞理), 즉 하늘의 이치와 같음이라.
그들의 성품인 절대성을 이해하면 만물과 하늘의 이치를 깨달을 수 있네'

법성계란 법성을 노래한 것이며 법계성이란 법성과 법계 두가지를 합쳐서 말한 것이다. 법신(法身), 불성(佛性), 본심(本心), 본성(本性), 각성(覺性)이 다 같은 말이다. 본래 부처와 똑같은 절대적 존재의 자리가 법계성이다. 좋고 나쁜 것이 따로 있으면 법계성이 아니다.
선과 악을 초월할 때 법계성과 같아진 것이다. '있는 것도 아니요 있지 않는 것도 아닌' 무엇을 한다, 안한다가 있으면 도(道)가 아니다. 그냥 자연스러운 것이 법계성이다.

2) 선악과(善惡果)

기독교의 성서에 보면 에덴동산에서 인류의 조상이 시작된다. 천국(天國)의 주인공인 아담과 이브는 뱀의 꼬임에 빠져 선악과를 따서 베어 먹는다. 그 순간 자신들이 벌거벗고 있음을 알고는 부끄러움에 나뭇잎으로 신체의 일부를 가린다.

이제까지 몰랐던 자아(自我)의 발견이다. 자아란 내가 있음을 아는 것이다. 따라서 내가 있으면 상대도 있다. 또 선(善)이 있으면 악(惡)도 있다.

실낙원은 인간에게 상대계로의 추락을 설명하지만 또 다른 한편으로는 절대계로의 회귀방법을 가르치고 있다. 곧 자아의 극복이 바로 절대계의 복귀를 암시하고 있는 것이다.

선악과는 선(善)과 악(惡)의 분별심을 대표한다. 사탄(마귀)의 꾐에 빠져 선악과를 따 먹는 순간 낙원에서 퇴출당하는 인류최초의 조상 아담과 이브는 우리에게 그 시사(示唆)하는 바가 크다.

마구니의 본분은 육도윤회의 길을 벗어나지 못하도록 하는 것이다. 실낙원은 절대계의 퇴출을 의미하며 육도윤회의 족

쇄를 설명하고 있다.

　이 세상을 살아가는데 필요한 가르침은 나쁘고 악한 생각은 버리고 불우한 이웃에게 선행을 베푸는 것이 으뜸의 진리가 된다.

　허나 깨달음의 세계는 선(善)도 생각하지 말고 악(惡)도 생각하지 말라며 대승법문은 지혜(반야)를 주문하고 있다.
　그 이유는 뭘까? 악과(惡果)를 따 먹지 않는 거야 당연하지만 굳이 선과(善果)까지 따 먹지 못하게 하는 까닭이 무엇이란 말인가?

　그 해답은 '응무소주이생기심'에 있다. 고급수행자들은 일반초심자와 달리 집중의 강도가 만만치 않다. '응당 머무름 없이 마음을 내야' 하는 이유가 길을 잘못 들면 자칫 다른 길로 빠지기 십상이기 때문이다.

　선과란 그 역시도 마음의 집착이다. 불쌍한 이를 보고 측은지심을 내는 행위조차도 분별심이라 몰아붙이니 너무 인간미가 없는 것이 아닌가 두렵다. 그러나 분별심을 내지 말라는 것은 인간미를 포기하라는 것이 아니라 초월하라는 의미다.

초심자와 달리 고급수행자의 분별심은 절대계로 들어가는 마지막 시험대가 된다. 이것은 어떤 작은 집착이라도 한 순간에 에너지를 모을 수 있는 탓에 백회가 개혈된 관음수행자는 수행방법을 일반인과는 전혀 달리 해야만 한다.

이론적으로 이해하기가 어렵지만 그 이유는 '내가 무엇을 해야 한다'는 인위(人爲)의 생각은 지체 없이 삿된 에너지가 만들어져 또 다른 오염을 가져오기 때문이다.

"도(道)는 닦는 것이 아니라 오염시키지 않는 것"이라 했거늘 자연과 코-드를 맞추지 않으면 도(道)와는 십만팔천리 멀어진다.
 '개구즉착(開口卽着) 입을 열면 틀렸다'라 하는 것은 '道可道 非常道, 名可名 非常名 도(道)라고 하면 이미 도(道)가 아닌 것'이다.
 '있는 것도 아니요, 있지 않는 것도 아닌' 것을 법(法)으로 삼는다.

마음의 묘법, 묘한 심요(心要)를 알고자 한다면 온갖 선과 악을 모두 생각하지 말아야 한다. 일체 선악을 생각하지 않으면 그 자리가 깨달음이며 에덴동산이다.

선악과(善惡果)의 유혹에 매료되는 것은 육신을 가진 인간이면 누구나 당연한 일인지도 모른다. 아라한도 미세유주가 흐르고 있다고 하니 보림(保任)의 가치가 한층 돋보인다.

6조께서 의발을 챙겨 야간(夜間)도주하던 중 그 뒤를 쫓아온 도명스님이 길을 막으며 한 소절 법문을 요구한다.
"불사선불사악(不思善不思惡 선도 생각하지 말고 악도 생각하지 말라.)
그럴 때 그대의 본래면목은 어떤 것인가?"

대승법문 한 소절에 도명스님은 삼배를 올리고 쫓는 것을 멈추고 홀연히 그 자리를 떠난다.

3) 자성(自性)과 법신(法身)

불교의 진리는 '심본무생(心本無生)'이다. 마음은 본래 생기는 것이 없다. 이것을 정확하게 꿰뚫으면 자성(自性)을 만날 수 있다고 한다. 허나 그것이 만만치 않다. 마음법을 깨치면 그 자리가 성불(成佛)이라 했는데 좀처럼 마음을 깨치기가 힘들다.

　마음은 주관이라 본래 없는 것인데 바깥의 사물이 경계를 만드니 객관이 된다. 그래서 마음이 생기는 것이다. 경계란 이곳과 저곳을 구분하는 경계선이 아니라 몸 바깥의 환경, 대상물이다. 한마디로 견물생심(見物生心)이다.

　마음은 본래 무생(無生)이지만 눈에 보이는 천지만물의 여러 가지 형상인 경계에 의해서 생기게 된다는 것이다. 생기는 것이 한번만 생기는 것이 아니라 시시각각으로 온갖 생각이 자꾸 일어난다. 따라서 생각이 윤회의 수레바퀴를 돌리고 있다. 〈수능엄경〉에는 마음과 생각에 대하여 친절하게 설명하고 있다. (수능엄경 참조.)

　눈앞의 여러 환경, 대상이 없다면 마음도 또한 없다. 마음이 생기지 않고 항상 고요하고 요동치지 않고 산란이 없으면 바로 공(空)이다.
　중생은 마음이 요동치지만 부처는 마음이 고요한 공(空)이다. 마음은 비어있는 것 같지만 보기도 하고 듣기도 하고 생각하기도 하고 느끼기도 하는 여러 가지 능력을 가지고 있다.
　마음을 비우고 밝게 가지는 것 외에 마음공부가 따로 없다. 그래서 참선(參禪)을 하고 정신통일도 하는 것이다.

즉심시불(卽心是佛) '마음이 곧 부처'라 한다. 본래의 순수한 마음의 본체는 고요하며 청정하다. 마음의 본래의 작용은 신령스럽게 아는 영지(靈知)를 갖추고 있다. 이것이 자성(自性)이다.

자성은 우리 몸에 이미 내려온 부처의 씨앗인 불성(佛性)이며 하느님이 우리 몸에 내려온 성령(聖靈)이며 로고스다. 의인화(擬人化)를 빼면 최상의 맑음이다. 그래서 맑음은 최고의 법력을 구사한다.

곽암화상의 〈십우도〉는 '내 안의 참 나'인 자성(自性)을 소에 비유, 이 자성을 되찾아 쓰는 과정을 열 단계로 나누어 설명하고 있다.

제1단계 소를 찾아 간다.(尋牛)
제2단계 소의 자취를 보았다(見跡)
제3단계 소를 보았다(見牛)
제4단계 소를 잡았다(得牛)
제5단계 소를 풀 먹이다(牧牛)
제6단계 소를 타고 집으로 돌아오다.(騎牛歸家)
제7단계 소를 찾았다는 생각을 지워 버린다.(忘牛在人)
제8단계 찾은 소와 찾는 나를 모두 지워버리다.(人牛俱忘)

제9단계 근본으로 돌아가다.(返本還源)
제10단계 시장바닥으로 들어가 종횡무진 진리의 바퀴를 굴리다.(入廛垂手)

견성이란 자성(自性)과의 조우다. 십우도의 그림 속에선 소의 발자취를 보고 믿고 따라간다. 그것이 용맹정진이다. 드디어 소의 자취를 보고 소를 잡는 과정이 견성이다. 소는 자성(自性)을 뜻한다. '내 몸 안의 또 다른 참 나'다. 마침내 목우(牧牛), 소를 기르는 그 목장이 보림공부다.

그런데 마음은 본래 있는 것이 아닌 것으로 설정되어 공(空)이다. 허나 자성(自性)은 이미 만들어져 있는 완성품이다. 비어 있는 것이지만 맑음으로 가득 채워진 위대한 실체다. '색즉시공이요 공즉시색이다'.

그러면 자성은 과연 만날 수 있는 것인가? 아니면 이론상으로 존재하는 희망사항 일까? 만날 수 있다면 어떠한 현상이 나타나는 것일까? 우리는 의문에 빠지지 않을 수가 없다.

흔히 마음을 법신(法身)이라고도 설명하지만 우리는 여기서 법신을 다르게 설명하고 싶다. 말을 바꾸면 법신은 영혼의 점수다. 이것은 대학진학에 필요한 수능점수와 같다.

　자성이 이미 만들어진 완성품이라면 법신은 마음공부를 통하여 발전해가는 영혼의 맑음이다. 육신속의 맑음이 법신이다. 청정법신 비로자나불은 육신자체가 완전한 법신으로 변한 모습이다.

　견성득도를 하기 위해서는 자성을 가로막고 있는 오물찌꺼기인 단단하고 질긴 지난 생의 업장소멸이 우선이다. 업(業)을 녹이기 위해서는 맑음의 법력 외는 없다. 그 맑음을 구사하는 근원이 최초의 법신이다.

　생각을 작게 또 작게 하여 맑음의 에너지, 기(氣)를 만들어 고급수행자의 대열에 합류한다.
　여기가 끝이 아니다. 지금부터가 마음공부의 시작이다. 이때부터는 마음을 비우고 또 비우면 영혼은 완성된 법신으로 마침내 탈바꿈한다.

　법신과의 첫 만남은 백회혈의 개혈이다. 정신을 집중하여 몰입하면 시간이 지남에 따라 누구나 손바닥이 뜨거워짐을 느낄 수 있다.
　손바닥의 노궁혈에서 시작된 묘촉은 기(氣)의 형태로 다가와 집중을 선도하다가 마침내 백회혈의 개혈이 시작된다. 초자연계의 입문이 시작되면서 내 몸의 의식이 영혼과의 첫 만남을 가지는 순간이다.

집중이 관법으로 바뀌고 관(觀)이 맑음을 확장시키면 법력이 나타난다. 법력의 근원이 법신이다. 이러한 수련법은 '나라에서 본래 내려오는 고신도(古神道)수련법'의 단전호흡법이 그 시간을 앞당긴다. 졸저에 이미 소개되어 있어 자세한 수련법은 생략한다.

'거 거 거 중지, 행 행 행 리각' 가고 가고 가면 저절로 알아지고, 행하고 행하고 행하면 이치를 깨닫게 된다는 고신도(古神道)수련법은 '구하지 않고 의지하지 않으며 상(相)을 짓지 않는' 불가(佛家)의 무심법과 맥을 같이 한다.

4) 분별심 1

종교는 믿음(信)이 우선이다. 어떤 종교를 막론하고 믿음은 지상과제다. 사람들은 자기가 속해있는 종교단체나 혹은 자기가 즐겨하고 있는 수행법은 누구나 비판없이 받아들인다.

그것이 고급종교이든 혹은 우상숭배이든 간에 무조건 진리라고 확신을 가지고 있기 때문이다.

〈화엄경〉에는 보살도(菩薩道)를 닦고 가르침을 받기 위해 53명의 선지식(善知識)을 찾아 나선 선재동자의 이야기가 나온다. 많은 이들을 친견하는 과정에서 그는 나름대로 선지식들의 법력과 맑음을 재는 잣대와 소견이 생겼을 것이다.

수행자라면 마땅히 선재동자의 현명함이 요구되는 시기이다. 이름난 단체의 교주나 종정만 신봉하고 또 어느 한 종교의 경전만을 읽어서는 옥석을 구분하기에는 무리가 있다.
객관적 시각으로 두루 읽고 두루 통달해서 소화시킨다면 더 새로운 경지로 들어서게 될 것이다.

선(禪)은 초발심의 열정만으로는 결코 완성될 수 없다. 앞서간 선인(先人)들의 말씀과 스스로의 구도경험에 의해 점차 고급단계로 진행되어야 한다.
다시 말하면 서구의 심리치료명상의 효험과 신비의 꿈에서 깨어나 깨달음을 목표로 자리매김했을 때 비로소 선(禪)의 가치를 확신하게 된다.
불경은 기독교의 수동적인 믿음과 달리 내 스스로가 부처

(하느님)가 될 수 있다는 확신을 심어주는 경이로운 정보임에는 틀림없다.

초발심은 일어나는 생각을 하나로 모우는 집중에서 정신통일로 연결되면서 관법이 완성된다. 관법(觀法)의 완성은 초자연계의 정보를 넘나들면서 업장과 자성(自性)의 실체를 경험하게 된다.

그 뒤 육신의 만성질환이나 혹은 유전적인 가계(家系)의 체질들이 모두가 지난 생의 업장에 의한 인과임을 조심스럽게 인지하게 된다. 따라서 이들의 인과 또한 집중의 관법으로 소멸되고 나아가 퇴마의 법력도 관법에 기초함을 알게 된다.

또 한의학의 경혈이론을 실제로 경험하게 된다. 손바닥의 노궁혈은 뜨거운 기운이 느껴지고 두정의 백회혈과 발바닥의 용천혈로는 시원한 감이 돈다.

용천혈은 금생(今生)의 탁기를 제거하는 출구며 두정의 백회혈은 천기(天氣)의 출입구임과 동시에 전생의 업장을 녹이는 출구임을 수행 중 확연하게 인지할 수가 있다.

이런 느낌과 현상을 불경에서는 지관법(止觀法)의 8선정의 단계로 자세하게 묘사하고 있다. 마음을 하나의 대상에 전주(專主)하여 산란하지 않게 하는 사마타 수행에는 8가지 단계의 선정이 있다.

여기는 색계(色界)4선정과 무색계(無色界)의 4선정이 있다. 색계란 물질계를 말함이고 무색계란 눈에 보이지 않는 세계를 말한다.

8선정은 단전호흡, 요가, 수피 등과 본질적으로 틀린다고 할 수 없는 대대로 전해오던 수행법이다. 부처님 자신도 깨치기 전에는 이 수행법으로 통달하였으나 이것에 만족할 수 없어 두 분의 스승을 버리고 보리수나무 밑으로 갔다고 전한다.

홀로 한가한 곳에 머물러 법(法 진리)을 내관하여
스스로 깨닫고 다른 이에게 의지하지 않는다.
분별(分別)의 봄(觀)을 버리고 위로 향하여 나아가서
여래의 경지로 들어간다.
이렇게 닦아가는 것을 성자(聖者)의 모습이라 한다.

<방등경>

5) 분별심 2

초발심의 수행자들은 계정혜가 길잡이다. 계(戒)를 지키므로 선정에 몰입할 수 있고 그 결과물이 곧 지혜임을 누누이 밝히고 있다. 지계란 계율을 지키는 것, 만물을 사랑하고 모든 생명을 존중하며 지난 일들을 참회하며 닦고 또 닦는다.

선(善)도 버리고 악(惡)도 버리고 공(空)을 관찰해서 정(定)에 들어가는 수행을 한다. 마침내 자성(自性)을 발견하니 그것이 견성(見性)이다.

그 다음 행은 보림이다. 보림공부는 무위(無爲)가 주(主)다. '육신이 나라는 생각(我相)도 일어나지 않으며, 살아있다(人相)는 생각도 일어나지 않으며, 개체라는 생각(壽者相)도 일어나지 않으며, 개인이라는 생각(衆生相)도 일어나지 않아야 된다.

고급수행자는 '하는 것이 없이 해야 되고, 닦아도 닦는 것 없이 닦아야 한다.' 그때 비로소 제대로 인위(人爲)의 조작을 떠난 무위행이 된다.

마음은 바로 근(根)이고 법은 바로 진(塵)이니

두 가지가 거울위의 흔적과 같음이라,

먼지의 흔적이 다 제거되면 거울의 빛이 비로소 나타나듯

마음과 법 두 가지를 다 잊어버림에 본래 성품 자리가 참되도다.
<永嘉 證道歌>

6근(안이비설신의)이 주관이고 바깥의 6진(색성향미촉법)이 객관이다. 그런데 영가(永嘉)스님은 마음을 주관으로 삼고 법(法)을 객관으로 몰아 둘다 거울위의 먼지로 비유한다.

본래 깨끗하고 밝은 거울을 오염시키는 주범이 마음과 법이라는 인위(人爲)의 산물이다. 분별심을 놓는 그곳이 본래 청정하고 맑은 자성(自性)의 모습이라는 것이다

6조 혜능대사의 5대 제자를 말할 때 남악 회양, 청원 행사, 남양 혜축국사, 하택 신회, 영가(永嘉)현각스님이다. 영가스님의 별호는 일숙각(一宿覺)이다. 원래 천태종스님으로 먼 길을 돌아 6조를 뵙지만 그 자리에서 바로 가겠다는 영가스님이다. 그 이유가 궁금하다. 각설하고-."그래도 여기까지 왔으니까 하룻밤이라도 자고 가라"는 말씀에 조계에서 하룻밤을 잤다고 해서 일숙각이다.

또 영가스님 말씀이 이어진다.

몸이 허망하여 자성(自性)이 없음을 알면
색(色)이 바로 공(空)일진데 어느 것이 내 몸인가?
일체 모든 법이 다만 거짓 이름만 있을 뿐이라
하나도 고정된 실체가 없다.
나의 몸이라 한 것도 4대와 5음의 인연으로 만들어졌다고 한다.
하지만 낱낱이 풀어보면 내가 아니고 화합도 또한 없음이라.
그렇다면 안과 밖으로 살펴보면 어떠한가.
이것 역시 물에 모인 거품과 같으며
아지랑이와 같아서 결과적으로 사람이 없다.
허나 무명(無明)으로 이것을 알지 못하여
허망한 가운데서 육신이 나라고 단정 짓고
그릇되게 탐진치를 내어 생명을 죽이고
도적질을 하고 음행한 짓을 하는 것이다.
밤이 지나고 아침이 마칠 때까지 수많은 업(業)을 지으니
그것이 비록 진실은 아니지만
선악의 인과(因果)가 그림자가 형체를 따른 것과 같음이라.
응당 스스로 몸의 실상을 관찰하는 것과 같이 부처님을 관찰함도 또한 그렇게 할 것이니
그러므로 '도(道)는 목전에 있다'고 한 것은
'마음과 부처와 중생이 세 가지가 다 차별이 없다'고 말한 것이다."

<영가(永嘉) 증도가>

6) 분별심 3

영가스님은 자성(自性)이 없다고 잘라 말한다. 언제는 본래 '성품(자성)이 참되다'고 말했 놓고 이제 와서는 '일체법이 무아(無我)'라고 대승법문을 설한다.

"불교의 치명적인 잘못은 니르바나를 잘못 이해하는데 있다. 니르바나를 제쳐놓고 삼매에 들어갈 때 최면술로 타락하기 쉽다. 이것은 현 불교의 경우에서 일어나는 사실이다. 내가 보건데 불교는 주격이 없는 장엄한 형용사다."〈오경웅, 동서의 피안에서〉

'모든 게 실체가 없다'며 없다! 없다!를 연발하고 '공(空)이다' '무(無)다'를 주장하는 주입식 무아(無我)론은 수행자들을 자기최면에 빠뜨려 잠시 방황하게 한다.
　더구나 보림은 '힘을 키우는 것이 아니라 힘을 놓는 것'이라고 하는데 수행자는 더 당황스럽다. 허나 이를 뒷받침하는 한의학의 경혈이론은 방황하는 보림의 현주소를 가볍게 설명하고 있다.

집중의 정신통일은 인체에 흐르는 미미한 생명의 전류를

감지할 수 있다. 이것이 기(氣)의 느낌이다. 집중이 강화되면 될수록 온 몸 구석구석에서 묘한 촉감이 감지된다. 묘촉의 근원지가 경혈이다. 경혈이론은 이미 수천 년 전 고대의 의서(醫書) 황제내경에 수록되어 전해져 왔다.

특히 두뇌의 상단전 경혈은 심신의 맑음과 비례하여 정수리 백회혈을 필두로 개혈된다. 정진(精進)의 시간이 한참 지난 후 이마 앞 인당혈과 뒷머리 뇌호혈은 하나의 터널로 개통되고 뒤이어 옆머리 태양혈 등이 자연스럽게 차례로 개혈된다. 이들은 전생의 업장소멸을 주도하면서 수행자에게는 구체적이고 객관성 있는 체험을 선사한다.

맑음이 고조된 어느 날, 백회혈의 개혈이후 마침내 관음(觀音)을 득할 수 있다. 관음은 하늘의 소리(梵音)다. 이제까지 한시적으로 업장소멸을 주도하던 두뇌의 백회혈은 관음을 맞이하면서 지난 생의 마지막 업장까지 마침내 몰아낸다. 드디어 '내 몸 안의 참 나'인 자성(自性)을 만난다. 이것이 견성이다.

불전(佛典)에 이르기를 '아라한도 미세유주가 흐른다'고 한다. 이 말뜻은 육신을 가진 이상에는 바깥의 경계인 견물생심에 이끌린다는 마지막 설명이다. 보림이란 완성을 향한 마지막 몸부림의 공부다.

영가스님의 '자성이 없다'는 표현은 보림의 고급수행자들을 위한 복음이다. 진실로 없다는 뜻이 아니다. 수행의 계제(경지)를 만들면 그곳에 안주하는 것이 육신의 마음이다.
그러나 이제 모든 것을 놓아야한다. 기(氣)수련으로 경혈이론을 섭렵한 모든 정보도 지금부터는 아니다. 백회혈도 물론이다. 묘촉도 없다. 관음도 없다. 지금껏 있다는 것은 오직 방편뿐이었다.

보림공부는 힘을 기르는 것이 아니라 그 힘을 놓는 것이다. 방하착이란 완성한 이후 그것을 놓는 것이다. 하지만 완성되지도 못했으면서 놓는다는 것은 비겁이며 궤변이다. 마치 쇠나 돌처럼 생각이 없는 무정물(無情物)의 아무것도 하지 않는 무기(無記)와도 같다.

고신도(古神道)수행에서는 먼저 기(氣)수련을 완성한다. 그리고 완성이후에는 기(氣)를 놓는다. 또 묘촉을 체험하고 묘촉을 득한 이후에는 잊어버린다. 그 후 관음(觀音)을 득하고 또 득한 이후에는 관음을 놓고 비로소 자연과 하나가 된다.

잊어버린다는 것은 '배부른 사자가 얼룩말 보듯이' 무주(無住)와 무착(無着)과 무심(無心)의 귀결이 된다. 있는 그대로를 걸림이 없이 볼 수 있는 능력이 법력이다. 걸림이 없는 마음은 '응무소주 이생기심'과 길을 같이 한다.

마조선사가 말씀하셨다.
"수행자들이여, 모름지기 분별심을 버려야 한다.
선(善)을 취하고 악(惡)을 버리고
공(空)을 관하고 정(定)에 들어가면
선악에 대해서 좋고 나쁨을 선택한 것이다.
그것은 분별심으로 인위(人爲)로 조작한 것이다.
또 법(法)을 밖에서 구한다며
비법(秘法)이니 비기(秘技)를 찾아 헤맨다면
그 길은 더욱 멀어지고 참담해 질것이다.
다만 삼계(三界)안의 욕심과 물질
그리고 정신세계에 대한 마음을 떨쳐버리면 되느니라.
일념망상인 하나의 헛된 망상이 곧 생사의 근본이니
다만 일념망상만 없으면
곧 생사의 근본도 초탈하여 모두 없어지느니라.
죽고 사는 생멸심(生滅心)을 가지고 도(道)를 닦아서는
불생불멸(不生不滅)의 열반을 결코 얻을 수 없느니라"

7) 분별심 4

"나라에서 본래 내려오는 수행법이 있으니
　　그 이름이 현묘지도(古神道)이니라."
　　　-최치원의 석벽본-

고신도(古神道)고급수행자의 맑음은 기공치료는 물론 퇴마의 최고법력을 구사한다. 이 모든 것이 자타일여(自他一如)며 무위(無爲)행이다. 기(氣)를 보낸다는 의식도 없이 '함이 없는 함'으로 진행이 된다.

시공을 초월하여 지구 반대쪽 나라의 전화목소리에서도 병을 진단하고 치료가 가능하다. 또 수행자 본인의 업장이나 상대의 지난 생의 업식(業識)을 녹일 수 있다.

이러한 사건들을 '기(氣)의 세계'라고 기(氣)수련가는 말하겠지만 기(氣)는 집중의 형태에서 발생하는 에너지일 뿐이다. 수행자라 자처하며 의념이나 자기최면식으로 집중하고 집중하는 것은 무심법(無心法)과는 전혀 다른 무속인의 산(山)기도와 같다. 무당의 신통술이 늘 그러하듯 감응만 있고 결과가 없는 탓에 혹세무민의 한계를 벗어나지 못한다.

그러나 무심(無心)으로 무장한 고급수행자는 마침내 관음(觀音)수행의 종착점에 도달하게 된다. 탐진치의 삼독을 정복하고 계정혜의 삼학을 무기로 삼아 '무소의 뿔처럼' 정진에 매진한 맑음은 이제는 '있는 것도 아니요, 있지 않는 것도 아닌' 자연과 하나다. 오로지 관음(觀音)의 소리 법문만이 청정의 힘으로 시간과 공간을 초월하는 법력이 된다.

본회 고명(古明)법사의 초능력은 타의 추종을 불허한다. 미국은 물론 러시아에 있는 회원들의 건강과 수행정도를 이곳에서 검진하듯 너무 리얼하게 묘사한다. 이러다 보니 지방출장지에서도 서울 회원들의 근황을 이미 점검하고 있는 상태다. 회원의 통증부위를 적나라하게 들여다보니 병소(病巢)나 업식이 머무는 장기의 통증이 그대로 전달된다. 불과 짧은 시간이지만 그 고통 또한 만만치 않다.

굳이 의식이 일어나 상대를 감지하지 않아도 저절로 회원들의 서울 수련장 방문시간이 감지된다. 처음은 능력으로 생각했던 것이 이제는 귀찮아 진다.
하지만 본인이 원하든 원하지 않든 고통으로 다가와 매번 시달리는 모습은 옆에서 지켜보기가 안타깝다. 저자 역시도 십여 년을 자타일여(自他一如)의 초능력(?)으로 주위를 놀라게 했지만 그 고통으로 인해 괴로웠던 것 또한 사실이기 때문이다.

백맥이 열리고 관음(觀音)을 득한 고급수행자일지라도 지난 생의 업장을 모두 녹인다는 것은 그리 쉬운 일이 아니다. 업장소멸이 그렇게 쉽다면 고금(古今)경전속의 법어가 필요 없을 것이며 또 일생을 걸고 수행을 해야 할 이유도 없을 것이다.

치유능력이나 영적인 능력은 수행자의 목표가 아니다. 깨달음으로 가는 길에 저절로 얻어지는 보너스다. 하지만 이러한 신통은 가랑비에 옷이 젖듯, 은근히 중독성이 있어 제때 감지하지 못하면 고급수행자라도 빠져들 위험이 크다.

이 모든 것은 아직까지 나라는 에고(Ego)가 자리 잡고 있는 탓에 본인도 모르게 착(着)에 빠져 상대의 업식이나 본인의 업장이 강하게 느껴지는 것이다.

분별심을 강조하는 것은 선악의 기준을 정하는 것이 아니라 선악을 초월하자는 의미에서다. 나쁜 생각과 마음은 금방이라도 지적할 수 있고 밖으로 드러나지만, 좋은 생각과 측은

지심은 지극히 자연스러운 것으로 좀체 드러나지 않는다.

악(惡)도 버리고 선(善)도 버려라!
사람들이 선(善)을 취하고 악(惡)을 버리고
공(空)을 관(觀)하고 정(定)에 들어가면
그것들이 올바른 것 같지만 그렇지 않다.
그것은 인위(人爲)의 조작에 속하는 것으로
무위법과는 거리가 멀다.   <마조선사>

업장은 진한 어둠의 공간속에 머문다. 어둠은 영(靈)의 본거지다. 그래서 영(靈)은 어둠을 선호한다. 아무리 높은 고급 수행자일지라도 분별심이 남아있다면 아직 육신 속에 영(靈)이 기생할 만한 어둠이 잔재한다.

마음이 머무르면 분별심이 만들어지고 그 분별심은 어둠을 확장시킨다. 수행의 최대치는 맑음이다. 오직 분별심의 초월만이 순백의 맑음을 맞이하고 마지막 업장의 어둠을 밀어낸다.

맑음을 키우기 위해서는 마음이 머무르지 말아야하며(無主) 집착을 버려야하고(無着) 오직 무심(無心)으로만 정진해야 한다. 머리로는 이해를 하겠는데 가슴으로는 아직 잘 닿지 않는다. 어떻게 하면 무주, 무착, 무심으로 갈 수 있을까? 놓는다는 생각에 모두를 놓을 수만 있다면 얼마나 편할까!

 하지만 수행자로서의 맑음의 우월감, 나만이 가질 수 있는 능력이라는 순간적인 생각이 본인은 의식적이지 않더라도 이것이 착(着)을 만들고 신통을 키운다.

 모든 신통은 맑음을 오염시키는 주범이다. 그때는 "또 마구니에게 틈을 보였구나!" 하며 '아직도 내(我相)가 있다는 것'에 대해 성찰을 해야 한다. 깨달음은 별것이 아니다. '아! 맞다, 그렇다!'며 자신의 무릎을 세게 칠 때 한발자국씩 우리 앞으로 다가오고 있는 것이다.

8. 니르바나(Nirvana)

8. 니르바나(Nirvana)

석가는 니르바나에 대하여 이렇게 말하였다.

"비구여, 잘 듣고서 잘 생각하여라. 나는 분명히 밝히리라.
비구여 물질을 싫어하고 욕심을 없애 모든 번뇌를 녹이게 되면
생각이 일어나지 않아 마음이 자유로워진다.
이것을 일러 비구가 다르마(法)를 알아
니르바나를 얻는 것이라 한다."

<잡아함경>

니르바나를 열반(涅槃) 혹은 적멸(寂滅)로 부른다. 열반은 음역(音譯)이며 적멸은 의역(意譯)이다. 열반은 흔히 입적(入寂)과 함께 죽음의 세계로 연상된다. 그러나 이것은 잘못된 견해다. (나고 죽는) 차안을 건너 (나지 않고 멸하지 않는) 피안의 언덕-깨달음의 공간, 오직 하나 뿐인 절대적 존재인 절대계를 일컫는 말이다.

석가부처의 깨달음은 나서 죽는 상대적 존재인 육신(肉身)

에서 절대적 존재인 법신(法身)을 맞이한 것이다. 태어나는 것은 반드시 사라지는(是生滅法) 상대적 존재의 현상계에서 나지 않고 없어지지 않는(不生不滅) 절대세계를 깨달았다는 것이다. 그 절대적 존재가 니르바나(涅槃)이다.

 니르바나는 현실 속 어딘가에 있는 것이 아니다. 깊은 침묵의 참선 끝에 석가부처가 찾아낸 본래의 자리, 진여(眞如)다. 그래서 니르바나는 '있는 것도 아니요, 있지 않는 것도 아닌' 없으면서 존재한다.
 적멸(寂滅)이라 고요하고 고요한 원래의 자리다. 소소영영하고 성성적적하다. 밝고 밝아서 우매하지 않고 요요하게 항상 머물러 비춘다.

 〈반야심경〉은 절대계의 모습을 충분히 설명하고 있다. '色不異空 空不異色 色卽是空 空卽是色' 색공(色空)은 결국 상대(色)와 절대(空)의 문제다. 색공일여(色空一如)라 하지만 절대계의 주인인 부처에게만 통하는 말이다.
 부처의 깨달음을 얻지 못한 세속인들에게는 색공일여(色空一如)라 하면 상대세계를 절대세계로 착각하게 된다. 공(空)은 텅 빈 우주의 의미가 아니다. 우주는 물질(色)이고 니르바나가 공(空)이다.

1) 상대계와 절대계

현실의 세계는 너와 나의 구별이 있는 상대계다. 시생멸법(是生滅法), 태어난 것은 반드시 멸하는 것이 현상계다. 눈에 보이는 현상계는 상대계라 유무(有無), 생사(生死), 물심(物心), 고금(古今), 자타(自他), 상하(上下), 내외(內外), 선악(善惡) 그리고 음(陰)과 양(陽) 등이 있다. 언제나 상대적이라 여럿이 있다. 생로병사와 길흉화복이 언제나 같이하며 또한 끊임없이 윤회하는 곳을 말한다.

인류의 스승이신 석가는 6년간의 기나긴 고행 끝에 부다가야 보리수나무아래서 마침내 깨달음을 얻었다. 무엇의 깨달음인가? 이것은 '나서 반드시 죽는 육신의 생명'에서 '나지 않고 죽지 않는 불생불멸(不生不滅)의 절대계' 니르바나를 체험했다는 것이다.

기독교의 성서(聖書)는 절대계를 하느님나라로 설명하고 있다.

"누구든지 성령으로 거듭나지 않으면 하느님 나라에 들어갈 수 없느니라." (요한3;5)

기독교의 하느님 나라는 절대자 하느님의 공간이다. 이 절대적 공간이 피안(彼岸)의 언덕, 니르바나임을 동서양은 같이 서술하고 있다.

'성령의 거듭남'이란 아상(我相)에 가득 찬 육신이 아니라 '맑음의 법신(法身)'을 말하고 있다. 그리고 덧붙여서 '어린이와 같은 순수한 맑음'을 얻어야 만이 하느님 나라에 갈수 있다고 했다.

인류의 스승들은 모두 우리에게 나지 않고 죽지 않는 영원한 생명인 '성령의 거듭남'과 '맑음의 법신(法身)'이 있음을 알려주지만 사람들은 알아듣지 못했다.

더구나 나지 않고 죽지 않는 상락아정(常樂我定)의 피안의 세계, 니르바나에 대해서는 알려고 하지 않고 믿지도 않았다.

그것도 그러한 것이 현실적으로는 불가능한 세계라 감히 이해할 수가 없다. 절대계는 불생불멸(不生不滅), 나고 죽음이 없는 세계다.

이 어렵고 복잡한 절대계로 가는 유일한 길을 오직 석가부처께서 인도하시니 얼마나 다행스러운 일인가! 기독교는 믿음과 부활을 강조하지만 불전(佛典)에는 내(自我)가 없는 무심의 삼매(三昧)만이 그 곳에 갈 수 있다고 전한다.

"선남자여,
니르바나 자체는 나는 것도 아니요, 나오는 것도 아니다.
진실한 것도 아니요 빈 것도 아니다.
선업(善業)을 지어서 생기는 것도 아니요
유루인 하염 있는 법(유위법)도 아니다.
들을 것도 아니요 볼 것도 아니며,
떨어지는 것도 아니요 죽는 것도 아니며
다른 모양도 아니요 같은 모양도 아니며,
가는 것도 아니며 돌아오는 것도 아니며
과거도 미래도 현재도 아니며,
하나도 아니요 여럿도 아니요
긴 것도 아니요 짧은 것도 아니며,
둥근 것도 아니요 모난 것도 아니며,
뾰족한 것도 바뀐 것도 아니며,
있는 모양도 아니요 없는 모양도 아니며,
이름도 아니요. 빛도 아니며
인(因)도 아니요 과(果)도 아니며,
나와 나의 것도 아니다.
이런 이치로 니르바나는 항상한 것이며
영원히 변하거나 바뀌지 아니하는 것이건만
한량없는 아승지 겁 동안에 선한 법을 닦아 모아서

스스로 청정하고 장엄한 뒤에야 보게 되느니라."
(대반열반경 고귀덕왕보살편)

☯ 용담지촉

중국 당(唐)나라 때 스님 덕산(德山 782~865)이 있었다. 그는「금강경」을 깊이 연구하여 금강경 주석을 썼다. 속성(俗性)인 주(周)에다 금강을 붙여서 주금강이라 불리었다.

덕산은 주금강이라 불려지는 것을 자랑스럽게 생각하리만큼 금강경에 대한 자부심이 대단하였다. 그런데 배우고 가르치는 교학(敎學)을 우습게 여긴다는 남녘의 선승들을 못마땅하게 생각하였다. 덕산은 이들을 만나서 금강경으로 콧대를 꺾어주리라 마음을 먹었다. 그가 주석한 금강경소초를 바랑에 넣어 짊어지고 남쪽 예주로 길을 떠났다.

예주에 다다랐을 때가 점심때였다. 마침 용담사로 가는 길옆에 떡집이 있어 점심 요기를 하려고 들어서면서 점심을 주문했다. 덕산이 무거워 보이는 등짐을 내려놓자 떡집 주인인 듯 보이는 나이 먹은 여인이 "보따리에 든 것이 무엇인가요?"

라고 물어왔다. 덕산은 자랑스럽게 "내가 쓴 금강경소요"라고 대답하였다.

"금강경소를 썼다니 내 한 가지 묻겠소. 대답을 하면 공양을 거저 드리겠으나 못하면 공양을 못하실 줄 아쇼." 덕산은 떡집 노파가 알면 얼마나 알까 생각하여 자신 있게 "물어보시오"라고 말하였다.

노파는 덕산을 향하여 "금강경에 과거심도 못 얻고 미래심도 못 얻고 현재심도 못 얻는다(과거심 불가득, 현재심 불가득, 미래심 불가득)고 하였는데 스님은 점심(맘에 점찍다)을 하신다니 어느 마음에 점을 찍으시렵니까?"

덕산은 그만 말문이 막혔다. 점심소견을 못하면 먹을 자격이 없다. 더구나 선문답에 말이 막히면 무조건 항복할 수밖에 없다. 덕산이 금강경에 있는 "어찌 그 마음을 항복케 하는가? 이같이 그 마음을 항복케 하겠노라"를 모를 리 없다. 덕산은 떡집 노파에게 깨끗이 항복을 하고 말았다.

덕산은 선승 용담 숭신을 찾아 갔다. 점심은 못했지만 기개는 아직 살아있었다. 덕산은 용담사 법당에 들어가 소리쳤다.

"용담의 소문을 들은 지는 오래인데 와서 보니 용도 없고 담(못)도 안보이네." 그때 숭신이 나타나며 "자네가 참으로 용담에 왔네"라면서 마주 소리쳤다.

덕산이 방장에 가서 늦도록 이야기를 나누다가 자기 처소로 가려고 나섰다. 밖은 캄캄하여 어디가 어디인지 분간할 수 없었다. 덕산이 어두워서 가지 못하는 것을 본 용담이 등불을 덕산에게 건네주었다. 등불을 받아 든 덕산이 앞을 비추며 발걸음을 옮기려 하자 용담이 그 등불을 훅 불어 꺼버렸다. 덕산은 어리둥절하여 멈춰 섰다. 그때 덕산의 머리에 별똥별이 금사를 긋듯 스치는 생각이 있었다.

옛 부처의 게송 제행무상 시생멸법, 생멸멸기 적멸위락이었다. 등불은 주위를 밝게 하지만 언젠가 타고 없어지고 또 세찬 바람에는 항시 꺼진다. 이것은 나고 죽는 자아(自我)이다. 등불을 불어 꺼버리는 것은 자아를 없애는 멸기(滅己)이다. 용담이 부는 입김에 등불만 꺼진 것이 아니라 덕산의 자아가 꺼진 것이다.

제행무상(諸行無常) 시생멸법(是生滅法)은 나고 죽는 상대계를 표현하고, 생멸멸기(生滅滅己) 적멸위락(寂滅爲樂)

은 절대계, 니르바나를 설명하고 있다. 이제까지 갈고 닦았던 교학(敎學)은 상대계의 지식! 이 세상 모든 일은 언제나 변하는 무상한 것, 태어난 것은 반드시 사라지는 것이 상대계의 법칙이다. 오직 나를 없애는 것이 깨달음의 왕도(王道)임을 알았던 것이다.

덕산은 여느 사람들 같으면 따귀라도 갈겨주고 싶으리만큼 짖궂은 용담에게 엎드려 절을 올려 비로소 제자의 예를 차렸다. 다음날 덕산은 자기가 쓴 금강경소를 미련 없이 불태웠다. 이 이야기는 용담지촉이라 하여 불교계에서는 이미 널리 알려진 얘기다.

2) 깨달음으로 가는 길

대부분의 수행자 모두는 어머니의 가슴에다 대못을 꽂고 집을 나서게 된다. 천 갈래, 만 갈래로 찢어지는 아픔을 끌어안고 길을 떠나면서 무언가를 성취하지 않으면 안 될 막중한 짐을 지고 걸어간다. 천개의 산을 탓하거나 만 갈래의 강물을 평계할 수는 없다. 오직 용맹정진만 있을 따름이다. 그러나 용맹정진을 어떻게 해야 할지 도무지 감이 잡히지 않는다.

깨달음이란 무아(無我)다. 곧 자아의 초월을 의미한다. 나라는 존재의 초월만이 이성과 감성을 벗어날 수 있어 내가 없음(沒我)을 강조한다.
'나라는 육신이 분명히 존재하는데 어떻게 나를 없애고 초월할 것인가!'를 두고 동서고금의 많은 수행자들이 이론을 제시한다. 그 중 대표적인 수행요체가 불법에도 있다.

그렇다면 조계종의 화두선일까, 아니면 천태종의 묵조선일까, 그것도 아니면 남방불교의 위빠사나일까? 이것도 모자라면 한마음선원의 주인공일까??……

깨달음이란 '본래무일물'이라 마음법을 터득해야한다고 하는데 마음법이란 어떤 것일까? 마음은 본래 생기는 것이 없는 심본무생(心本無生)부터 터득해야 한다고 한다. 그것을 알기 위해서 참선을 하는 것이다. 그럼 참선해서 어떻게 통하느냐? 부처의 가피와 달마의 공덕으로 통하는 것인가?

전혀 그렇지 않다. 교(敎)와 선(禪)을 논하고, 돈오돈수와 점오점수를 논하지만 이것은 이론가들의 밥상일 따름이다.

오직 길이 있다면 정신통일 뿐이다. 정신통일은 생각을 지우는 것이 아니라 생각을 한곳으로 모은다. 수식관이다.

마음에 생멸심이 없어지면 잡념도 사라지고 아상(我相)도 무너진다. 이것이 삼매다. 내가 없음이 아니라 본래부터 나라는 존재는 없었다. 무아(無我)다.

잡념의 생각을 떨쳐내지 못하거나 나라는 아상(我相)이 있으면 아직 득도(得道)와는 거리가 멀다. 왕도(王道)가 없다고 하지만 없는 것이 아니라 길을 잘못 들면 평생을 헤매게 된다.

정신통일만 하면 누구나 자성(自性)을 만날 수 있다. 자성(自性)은 본래 갖추어져 있는 것으로 기복(祈福)으로만 빠지지만 않으면 없는 듯 나타난다. 맑음은 자성을 향한 길잡이가 된다.

그러나 그것이 말과 같이 잘될 리가 없다. 그래서 어렵기는 평지에서 하늘에 올라가는 것과 같아 '하늘의 별따기'라 한다. 하지만 쉽기로 말하면 '옷 입은 채로 이불속에서 잠자는 것'과 같고 '세수할 때 코 만지기'와 같이 쉽다고 전한다. 어렵고 쉬운 것이 본래 없는 것이지만 첫 단추를 어떻게 꿰느냐에 따라 평생을 허송하기도 한다.

☯ 진묵선사의 어머니 사랑

　산과 들에서 제사나 들일을 하고 음식을 먹을 때 항시 먹기 전 밥과 함께 차려진 귀한 음식을 조금씩 떼어내어 허공을 향해서 '고시레'하며 치성을 바친다. 초등학교 시절 소풍이나 운동회 날 할머니나 어머니들은 맨 먼저 '고시레'하며 예를 표하고 할아버지, 아저씨들은 술잔을 기울이기 전 반드시 '고시레'하며 술을 허공에 뿌린다. 아름다운 풍속이다.

　'고시레'는 진묵선사의 어머니 존함이다. 진묵스님의 어머니 성씨가 고씨였다고 한다. 이 고시레 라는 말은 고씨네 가 변해진 것. 고씨네 라고 말하며 입에 대기 전에 한 숟가락 떠내는 것은, 고(高)씨 할머니께 드린다는 뜻이었다.
　스님은 이조중기 때의 사람으로 한국불교의 대표적 고승(高僧)이다. 전해오는 일화(逸話)중 산물고기의 환생담은 단연 압권이다. 냇가에서 잡은 물고기를 동네사람들과 함께 어울려 매운탕으로 먹은 뒤였다. "스님은 살생도를 범하지 않았습니까?"하는 핀잔의 말에 냇가에 쭈그리고 앉아 변을 보는데 변이 생 물고기로 변하여 헤엄치는 신통력을 구사한다.

　허나 신통력보다는 어머니께 바친 효도가 세인의 가슴을

적시게 한다. 부처님 법을 찾아 어머니 가슴에 못을 박고 출가(出家)를 감행한 지 수 십년, 세속의 번뇌를 끊고 마침내 도(道)를 이룬다. 한 사람의 도인(道人)이기 이전에 한 어머니의 자식으로써 그는 병들고 노쇠해진 어머니를 등에 업고서 행각에 나서며 평생을 정진한다.

출가(出家)란 무엇을 의미하며 효(孝)와는 어떤 관계로 매듭을 지어야 할지는 수행자들의 숙제가 된다. 조동종의 종사(宗師)인 동산 양개스님의 출가의 변설인 8줄 게송이 초심자의 마음을 대신한다.

'사람은 누구나 세상에 살면서 부모의 정혈로 만들어진 육신을 잘 지키며 몸을 건강하게 해야 한다. '신체발부는 수지부모라 불감훼손은 효지시야라' 그리고 부모에 효도하고 형제와 우애 있게 지내며 집안을 빛내는 것이 인간의 도리다.
  그러나 수행자는 세상의 향락을 버리고 도(道)를 사모하고 선(禪)을 참구하여 다른 방식으로 부모님의 은덕을 갚나이다. 허나 현재는 막 시작이라 천개의 산이 버티어 섰고 만 갈래의 물이 눈앞에 있으니 어떤 길이 그곳의 지름길인가 아득하나이다.
  세상의 명리(名利)와 벼슬도 구하지 않고

깨달음의 길을 찾아 세속 길을 버립니다.
번뇌가 다할 때 근심의 불이 꺼지고
은혜의 정을 잊음으로 사랑하는 마음 초월 되네

6근을 쉬면서 선정에 들면 지혜의 향기 바람이 되고
한 생각이 문득 망상을 만들면 지혜의 힘으로 붙잡습니다.
부모님께 아뢰노니 슬피 바라지 마시고
죽은 것으로 여기고 없는 것으로 여기소'

다시 양개선사의 사친서(謝親書)가 심금을 울린다.

'엎드려 들어보니 여러 부처님께서 세상에 나오실 때 모두 다 부모를 의탁해서 생명을 받으시고, 만물들이 세상에 나오는 것도 모두가 하늘과 땅이 덮어주고 실어줌을 입음이라. 그러므로 부모가 아니면 태어날 수가 없고 천지가 없으면 성장할 수가 없다. 모두가 양육하는 은혜를 입었으며 하늘이 다 덮었고 땅이 실어 준 덕을 받았습니다.

슬프다! 모든 중생들과 만상의 모든 것들이 모두가 무상(無常)에 속해서 생멸을 떠나지 못함이라. 어려서는 젖을 먹이는 애정에 그 누가 감읍하지 않으며 양육하는 그 큰 은혜를 태산에 비교

하겠나이까! 허나 만약 재물과 보화로써 부모를 받든다고 해도 영원히 보답하기 어렵고 만일 기름진 음식과 맛있는 과일로 봉양한다 할지라도 어찌 영원하게 지속되겠습니까.

그러므로 <효경>에 말하기를 "비록 매일 기름진 음식과 맛있는 과일로 봉양할진데 오히려 불효가 된다."고 하셨으니 서로 이끌려서 결국 침몰하여 윤회의 길에 들어갑니다.

망극한 은혜를 갚고자 할진데 출가(出家)한 공덕만 같지 못한지라 생사(生死)의 바다를 끊고 번뇌의 고해(苦海)를 넘어가며 천생의 어버이 은혜를 갚고 만겁의 자친을 보답하며 3계(욕계, 색계, 무색계)와 4가지 은혜를 보답하지 않음이 없다. 그러므로 '한 아들이 출가함에 9족이 하늘에 태어난다.' 고 하셨습니다.'

다시 양개선사의 사친서가 이어진다.

'소생이 금생의 몸과 목숨을 버릴 때까지 맹세코 집에 돌아가지 아니하고 영겁의 업장의 먼지를 걷어 깨달음을 단박에 밝히겠나이다. 엎드려 생각하오니 부모님께서는 마음의 문을 열으셔서 기쁘게 생각하시고 부처님의 도리와 불보살의 가피를 받으소서. 다른 때에 다른 날에 불국토에서 서로 만나기 위해서 오늘날 지금 이때에는 부모님을 이별하겠나이다.

소생은 부모님의 시중드는 것을 싫어해서가 아니라 대부분 때가 사람을 기다리지 않습니다. 옛 조사님들이 이르기를 '이 몸이 금생에 발심하여 업장을 제도하지 않으면 다시 어느 생을 기다려서 이 몸을 제도할 것인가?' 하셨나이다. 그러하오니 어머니께서는 이 못난 불효자를 제발 잊어버리소서.

마음근원 깨닫지 못하고 여러 봄을 지나니
뜬세상이 부질없이 흘러감이 사무칩니다.
몇 사람이 불문(佛門)에서 도를 얻거늘
저만 홀로 세상의 티끌 속에 머물러 있습니다.

삼가 편지 올려 깊은 사랑 하직하고
큰 법을 밝혀서 어머니께 보답하기를 원합니다.
부디 눈물을 뿌려서 자주 생각하지 마시고
애당초 제 몸이 없는 것 같이 보소서.
숲속의 흰 구름으로 항상 벗을 삼고
문 앞의 푸른 산과 이웃합니다.
세상의 명예와 이익 되는 것을 벗어나고
인간의 사랑과 성냄을 영원히 이별합니다.
조사(祖師)의 뜻 한 마디에 단박 깨닫고
현묘한 이치 불조(佛祖)의 스승되어 진리를 꼭 통합니다.

집안의 친척들이 서로 보기를 바란다면
바로 장래의 성불(成佛) 자를 기다리소서.'

문) 견성(見性)을 몽중일여, 오매일여의 경지라고 성철스님은
말하고 있다는데?

답) 성철 스님의 '선문정로'의 '오매일여'장에는 "화두를 참구하고 있는 상태가 낮(깨어있을 때)에는 말할 것도 없고 밤에 잠 속에서도 들려야 한다. 오매일여를 통과하지 못하면 견성(見性)이 아니며 오도(惡道·깨달음)가 아니다"고 선언한 후 이러한 오매일여의 관점이 현대 한국의 선가(禪家)에서 정설처럼 간주되고 있다. 성철 스님은 평소에도 제자들에게 "오매일여가 되었느냐? 오매일여가 되지 못했다면 아직 깨달은 것이 아니다"는 말을 했었다. 하지만 다른 의견도 있다.

"꿈에서도 참구하라는 성철스님의 오매일여 견해가 '깨달음 잣대'가 되어서는 안 된다"며 정면으로 반박하고 있는 재가불교연구가 윤창화(민족사 대표)의 주장이다. " '벽암록'의

저자 원오극근 그리고 간화선을 주창한 대혜종고 스님은 부질없이 오매일여나 오매항일에 대해 분별하지 말라고 했다"며 "오늘날 해석과 같이 화두를 참구하고 있는 상태가 실제 오매일여가 돼야 한다는 말은 그 어디에도 찾아볼 수가 없다"고 강조하고 있다.

보림은 견성(見性)한 후에 힘을 기르는 것이다. 힘이란 무엇을 말하고 있는가? 곧 법력이다. 도대체 법력이란 무엇인가? 후학들에게 깨달음을 전해줄 수 있는 능력이 아니겠는가.

그럼 구체적인 법력이란 무엇을 말하는 것인가? 두말할 필요도 없이 업장을 녹일 수 있는 맑음이다. 맑음을 구사할 수 있는 시점이 바로 견성이 된다. 요새말로 바꾸면 그것이 기공치료의 능력일 수도 있고 업장의 구성인자인 퇴마의 법력이기도 하다.

3) 하늘의 이치

　하느님이 내 몸 안에 들어오면 성령(聖靈)이 되고 부처가 내 몸 안에 들어오면 불성(佛性)이 된다. 감히 하느님이, 부처님이 내 몸 안에 있다고 말하기가 황송스러워 성령이라 하고 불성이라 하고 자성(自性)이라 한다. 견성이란 내 안에 또 다른 '참나'인 자성(自性)을 찾는 행위다. 즉 큰 하나에서 분리된 작은 개체에서 다시 본래의 큰 하나로 되돌아가는 회귀(回歸)다.

　자성(自性)이란 하늘의 이치가 육신에 머무는 현장이다. 성리학(性理學)은 하늘의 이치와 육신의 본래의 성품을 연구하는 학문이다. 다시 말하면 인간의 육신 속에 머물고 있는 하늘의 이치를 만나는 현장이 바로 견성(見性)이다.

　하늘의 이치가 무엇인가? 위대한 실체(實體)이며 자연이다. 우주창조로부터 삼라만상을 기르고 키우고 양육하는 위대한 힘으로 사랑이며 자비다. 이런 어마어마한 신비(神秘)가 우리 육신의 몸에 깃들어 있다는 게 놀라울 따름이다.
　성경에는 '하느님의 성전이 우리 몸에 있으며 그곳에 하느님이 거하신다' 또 불전(佛典)에는 '즉심시불(내 마음이 곧 부처다)'이라며 우리 인간의 연약함에 비교할 수 없는 하느님과 부처님의 자리하심을 누누이 밝히고 있다.

그러나 우리는 통 믿음이 가지 않는다. 내가 부처가 될 수 있고 하느님이 될 수 있다니 아무리 머리를 굴려 봐도 이해가 되지 않는다.

하지만 아상(我相)을 녹이면 그 자리가 진여(眞如)라 했다. 그래서 수행자는 눈에 보이는 모든 것들에 관심을 가지는 견물생심을 지우는 작업을 우선으로 한다.

그러나 눈을 감고 선(禪)에 들면 또 다른 마음 한구석에서는 언제나 탐진치의 수리(數理)가 뇌리에서 떠나지 않는다.

이러한 형편에 아무리 고급법문을 만난다 해도 좀체 깨달음을 얻을 수 있을 것 같지가 않다. 하지만 '우리는 누구나 부처가 될 수 있는 불성(佛性)을 가지고 있다'며 꼬드기고 있지 않는가. 혹시 괜히 실망할까봐 듣기 좋으라고 해보는 소리는 아닐까?

그러나 절대로 그렇지 않다. 견성이란 원래부터 존재하던 자성(自性)을 만나는 것이지 그들을 만들어서 만나는 것이 아니기 때문이다. 우리가 그들을 만들어서 만난다면 50년을 갈고 닦아도 아니 평생을 매진해도 불가능할 것이다.

이것은 없는 것을 새로 만드는 과정이 아니다. 자성(自性)은 본래부터 존재했고 언제나 가지고 있었던 무소부재하며 무시부재하며 무소불위한 법력이다. 이들은 심신이 청정하면 저절로 나타나는 것으로 우리 마음의 본래 성품이다.

광명편조 고귀덕왕 보살 마하살이 부처님께 묻기를

"부처님이 예전에 <아함경>에서 아난다에게 말씀하시기를 만일 사람이 니르바나를 공경하면 번뇌의 결박을 끊고 한량없는 즐거움을 받는다 하였사오나 니르바나의 이름만 가지고는 항상(恒常)하지 못한다 하였나이다.

세존이시여, 만일 니르바나에 상락아정(항상하고 즐겁고 진아가 있고 깨끗하다)의 이름만 있으면 항상 하다고만 이름하지 못한다 하신다면, 만일 이름이 없다면 어떻게 니르바나를 설명할 수 있나이까?"

이때에 세존이 광명편조 고귀덕왕 보살 마하살에게 말씀하셨다.

"니르바나 자체는 본래 없다가 지금 있는 것이 아니다.

만일 니르바나 자체가 본래 없다가 지금 있다면 시공을 초월해서 항상 머무는 법이라 말할 수 없느니라.

부처님이 있거나 없거나 성품과 모양이 항상 있건마는 중생들은 번뇌가 가렸으므로 니르바나를 보지 못하고 없다고 한다.

보살 마하살은 계율과 선정과 지혜로써(戒定慧) 마음을 닦아

번뇌를 끊었으므로 청정의 눈으로 보는 것이니 니르바나는 항상 머무는 법으로서 본래는 없다가 지금 있는 것이 아니므로 항상하다 하느니라.

선남자여, 마치 어두운 우물 속에 가지가지 칠보가 있는 것을 사람들도 알지만은 어두워서 보지 못하거늘 지혜 있는 사람이 등불을 켜 가지고 가서 비추면 모두 보는 것이다.
이 사람들이 여기서 생각하기를 물과 칠보가 본래 없던 것이 지금 있다고 하지 않느니라.

니르바나도 그와 같아서 본래부터 있는 것이요 지금에 비로소 있는 것이 아니며 번뇌가 어두워서 보지 못하거든 큰 지혜인 여래가 좋은 방편으로 지혜의 등을 켜서 보살들로 하여금 니르바나의 항상되고 기쁘고 참나이고 깨끗함(常樂我淨)을 보게 하나니 그러므로 지혜 있는 이는 본래 없던 것 지금 있다고 말하지 않아야 한다.

선남자여, 마치 땅 밑에 여덟 가지 맛을 가진 물이 있는 것을 모든 중생들이 얻지 못하거늘 지혜 있는 사람이 공력을 들여서 파면 얻게 되나니 니르바나도 그와 같으니라.
마치 눈 먼 사람이 해와 달을 보지 못하다가 용한 의원이 눈을 치료하여 고치면 보게 되거니와 해와 달은 본래 없다가 지금 있는 것이 아니니 니르바나도 그와 같아서 원래 있었던 것이요.
지금에야 있는 것이 아니라.

선남자여, 어떤 사람이 죄가 있어 옥에 갇히었다가 오랜 뒤에 놓여나와 집에 돌아가면 부모 형제 처자 권속들을 보게 되나니 니르바나도 그와 같느니라."

「대반열반경」 고귀덕왕보살편

9. 관음(觀音)수행

9. 관음(觀音)수행

프롤로그

1. 하늘의 소리는 천상의 음악이며 관세음보살의 화신이다.

성서(聖書)의 Word(말씀)
〈수능엄경〉의 관음(觀音)법문
요가 대수행자의 마지막 수행처,
선가(仙家)에서 구전으로 전해온 상단전의 비밀,
오늘, 그 비기(秘記)를 공개한다.

'무소의 뿔처럼' '백척간두에 진일보' 보다
먼저 바로 볼 수 있는 정견(正見)을 가져야 한다.
그 해답은 맑음(淸淨)이다.

초자연계는 신비와 신통이 난무하는 마왕(魔王)의 놀이터,

길을 잘못 들면 마구니의 시커먼 손길이
언제나 수행자를 유혹한다.
빛과 소리는 어둠의 용병(빙의령)을 교화시킨다.
관세음보살의 천수천안! 하늘의 소리,
관음(觀音)이 그 길을 밝히고 있다.

2. 깨달음으로 가는 길

'간화선의 화두' '남방의 위빠사나'도 아니다.
오직, 묘촉을 만나야 하며 관음을 득해야 한다.
묘촉(妙觸)은 업장의 현주소이며 맑음의 바로메타,
관음(觀音)은
〈범음, 해조음, 승피세간음〉으로 천상의 음악이다.

깨달음을 얻지 못하는 이유가
훌륭한 스승을 만나지 못해서도 아니고
게으름을 피워서도 아니다.
진정한 업장소멸 만이 비로소 견성(見性)을 약속한다.

그 힘은 집중의 정신통일이지만

그것만으로는 부족하다.
최상승의 고급법문, 하늘의 소리(觀音)를 득해야 만이
마지막 카르마를 벗겨낼 수 있으니……

☯ 기(氣)수련과 제3의 눈

1. 웰빙명상

명상이란 생을 뒤돌아보는 회한이 아니라
자신속의 또 다른 진아(眞我)를 찾아가는 통찰력

사람은 무엇으로 생사의 거센 흐름을 건너는가,
무엇으로 바다를 건너며,
무엇으로 고통을 극복하는가,
특히 요즘 같은 물질 만능주의에 빠지면
모든 사람들은 황금의 노예가 될 수밖에 없다.

잘 먹고 잘 사는 웰빙바람은 그나마 생각하는 시간을 만들고, 명상의 중요성을 일깨운다. 그럼 어떻게 나만의 시간을 가지며 어떤 방식으로 자기성찰을 해야 하는 것인가?

불교의 참선도 있고, 교회의 묵상기도도 있다. 그리고 서구의 명상법도 있다.
하지만 대부분 참회요, 고해성사로 죄 사함을 전제로 한다.
그럼 명상이란 생각을 정리하고 생(生)을 뒤돌아보는 회한이 전부란 말인가?
그러나 그렇지 않다.
진정한 명상은 자신속의 또 다른 진아(眞我)를 찾아가는 통찰력의 배양이다.

2. 초자연계의 함정

초자연계는 신비와 신통이 가득한 곳으로
동경과 기대만으로는 금물!
그 곳에는 마귀의 시커먼 함정이 접신을 유도하고 정신병자를 만든다.

미국의 시사주간지 〈타임〉은 이태 전 '명상의 과학'을 주제로 한 커버스토리에서 미국 내의 명상 열풍과 그 과학적인 근거, 그리고 명상수행법을 전했다. 과거 비과학적이며 무속의 일종으로 매도되었던 '동양의 신비'를 다시 바라보는 서구(西

歐)의 시각을 긍정적으로 다뤘다.

　긴장의 연속인 일상의 삶 속에서 명상으로 심신의 안정과 건강을 되찾을 수 있음은 너무나 다행스러운 일이다. 더욱이 국내 명상단체들의 홍보물에 따르면 건강과 함께 신비의 초자연계를 경험할 수 있다고 한다.

　특히 전생여행 등 다양한 내용의 최면술은 질병치료는 물론 범죄의학에도 기여하고 있는 게 현실이다. 그러나 그것들의 객관성 결여와 비과학적인 면은 불문에 부치고 우리 모두 예사롭게 받아들이고 있음을 지적하지 않을 수 없다.

　기독교나 불교 등 고급종교에서는 단전호흡등 유사한 명상기법을 금기시 한다. 왜냐하면 정신이상으로 산사(山寺)나 기도원으로 찾아오는 상당수의 환자들이 잘못된 단전호흡과 명상을 그 원인으로 지목하기 때문이다.

　초자연계는 무당과 선승만의 전유물이 결코 아니다. 눈을 감고 집중만 하면 누구나 정신세계인 초자연계에 진입하게 된다. 굳이 긴 시간이 아닌 지속적인 지향만으로도 인체의 자장인 기(氣)를 느낄 수 있다.

　그 후, 신비한 체험은 시간이 갈수록 강하게 진행된다. 내 몸이 본인의 의식과는 무관하게 흔들리는 초자연계를 감지할 수 있게 된다. 그때 이를 따라가면 그 흔들림은 점점 강해진다. 그러나 그 순간, 집착과 함께 동행되는 신비한 체험은 접신(接神)의 에너지를 불러와 본인의 의사와는 상관없이 빙의(憑依)가 된다.

빙의란 귀신이 육신에 달라붙는 현상이다. 귀신이나 마귀의 역할은 혼란과 장애로 일상의 평화로움을 깨뜨리면서 파괴와 불행을 일삼는다. 빙의령은 두뇌의 경혈을 봉쇄하여 정상적인 사고력을 마비시켜 맹신을 유도한다.
곧이어 이상한 언행(言行)으로 사회성을 상실하게 되며 온갖 정신적 혼란과 장애 속에서 일상생활이 불가능해져 심신이 황폐화된다. 마침내 정신분열증 등의 정신이상자가 된다.

집중의 정신통일은 에너지를 만들어 심신을 건강하게 만든다. 그러나 잘못된 수행법인 '구하거나 의지하거나 상(相)을 만드는' 집중은 영(靈)을 부르는 결과를 맞이하게 되어 건강은커녕 인성까지 황폐화시킨다. 결국 접신(接神)이 되어 맹신자로 전락하고 만다.

불가(佛家)는 '應無所住 而生其心(응당 머무름이 없이 내는 마음)이라며 무심의 마음법을 강조한다. 명상은 자기최면이나 의념수련이 결코 아니다. 오직 無心(무심)만이 정법임을 가르친다.

그것은 무주(無主),무착(無着),무심(無心)으로 마음법에 기초한다.기독교에서의 '나 이외의 신(神)을 믿지 말라'는 경구는 초자연계의 위험성을 경고하고 있는 것이다.

3. 정신통일

기도와 염불도 엄밀하게 따지면 결국 정신통일뿐이다.

기도와 염불을 열심히 하면 '하느님의 은총'과 '부처의 가피'가 있다고 신앙인들은 굳게 믿고 있다. 모든 종교들이 신비(神秘)와 기복(祈福)을 앞세워 믿음을 강조한다. 그래서 항시 기도하며 범사에 고마워한다. 그러나 수행의 핵심은 믿음이 아니라 정신통일이 먼저다.

수행의 초발심은 집중이다. 오직 정신통일만이 베일에 감춰진 초자연계의 진입에 성공할 수 있다. 수행의 참 의미는 이제까지의 삶을 정리하거나 혹은 과거의 언행에 대한 회한이 아니라 인간 본성(本性)을 찾아가는 길이다. 다시말해 완성을 향한 또 다른 도전이다.

그것이 견성(見性)이다. 인간이 신(神)으로 거듭날 수 있으며 그리스도가 되고 깨달음의 붓다로 환생하는 지름길이 곧 정신통일이다.

그러면 정신통일은 어떻게 하는 것일까?

교회의 철야기도나 사찰의 염불, 삼천배등도 정신을 통일하는데 일익을 하지만 그것은 대중(大衆)들을 위한 방편일 뿐이다.

오로지 무심법만이 엘리트나 고급 수행자를 위한 수행법이다. '구하지 말며 의지하지 말며 상(相)을 짓지 말라'는 조사들의 금구는 무심법의 핵심이다.

문제는 무심(無心)법이 생각처럼 그렇게 간단하지만은 않다는 것이다.

무심이 진리라 해서 나무나 돌과 같은 무정물처럼 생각의 공황상태가 무심이 아님을 지적하고 있다. 그것은 멍청하게 있는 무기공(無記空)일 뿐이다. 그러면 무심하면서도 멍해지지 않으려면 두뇌의 긴장이 필요하다.

'화두의 의증(疑症)'은 의심하고 또 의심하면서 두뇌의 긴장을 최고도로 요구한다. 남방불교 '위빠사나의 긴긴밀밀'도 마찬가지다. 사물을 꿰뚫어보는 관법이 초강력일 때 깨달음을 얻을 수 있다는데 그것이 정답일까?

그것도 아니다. 한마디로 그들은 사족(蛇足)에 사족(蛇足)을 더하고 있을 뿐이다. 무심의 관법(觀法)이란 "배부른 사자가 얼룩말 보듯" 혹은 "주인을 기다리는 종의 자세"가 '應無所住 而生其心'(응당 머무름이 없이 내는 마음)이다.

4. 고신도(古神道)

종교가 생기기 전, 우리민족만이 가졌던 심신수련법으로 세계 모든 종교의 모태.

"나라에서 본래부터 내려오는 도(道)가 있으니
그 이름이 현묘지도(古神道)이다"
- 고운 최치원 -

현묘지도는 고신도의 옛 이름이다. 고신도(古神道)는 종교가 생기기 이전부터 있어온 우리 선조들의 심신 수련법이다.

일명 신선도, 선도(仙道), 풍류도로 불린다.

　이를 완성하기 위해서는 몸공부, 기(氣)공부, 마음공부의 3박자를 골고루 갖춰야만 한다. 건강한 육체와 자연의 파장인 기(氣), 그리고 종교의 마음법등 신(身), 기(氣), 심(心)을 성취해야한다.

　전래(傳來)오는 고서(古書)인 '한단고기'나 '부도지'에 의하면 한(韓)민족의 시작은 인류의 발생과 함께 했으며 우리의 문명은 인류의 문명을 주도했다고 전(傳)하고 있다.

　아득한 옛날, 종교가 생기기 전 선조들은 수도(修道)의 중요성을 이미 알고 민족의 시작과 함께 그 곁에는 항상 현묘지도(古神道)가 있었다.

　우리 조상들은 나라의 건국이념을 '홍익인간 제세이화'로 하여 대승(大乘)의 기틀로 잡아 민족을 이끌어 나갔다.

　그러나 일제 식민사관으로 오염된 우리의 상고사는 사대주의 역사학자들에 의하여 형편없이 폄하되고 있다. 우리나라의 위대한 상고사를 들추기만 해도 그들은 "문헌이 없다, 증거가 불충분하다" 등등의 사유를 달아 무조건 국수주의자로 몰아 부친다. 마치 '동양의 신비'를 비과학적이며 무속의 일종으로 매도했던 과거 서구(西歐)의 시각처럼.

그러나 고신도의 도맥(道脈)은 넓고도 깊어 온갖 역사의 부침 속에서도 사라지지 않고 '단전호흡'이란 이니셜로 우리의 혈맥 속에 전해져오고 있었다. 어떤 때는 불가(佛家)의 그늘에서 또 어떤 시기에는 중국 도가(道家)의 모습으로 면면히 이어져 내려오고 있었다.

현재 미국 명상 열풍속의 용어가 예사롭지 않다. 중국의 기공(氣功), 인도는 요가, 일본의 센(禪), 한국은 단전호흡이라고 명명하고 있는 것만 보아도 그렇다.

허나 현재 시중에 유포된 '단전호흡'은 잘못 이해된 채 전해지고 있다. 수련자나 가르치는 이들조차도 단순히 건강이나 치료용으로만 잘못 알고 있음을 통탄하지 않을 수 없다. 그러한 수행법이 틀렸다는 것이 아니라 낮은 차원의 기법으로서 목표가 육신에 국한되어 있다는 것이다.

진정한 우리의 도법(道法)은 그렇지 않다. 고신도(神仙道) 수행은 불교의 윤회설과 일치한다. 아니 오히려 한발 앞서가고 있다.

첫째로 단전호흡을 통하여 집중의 정신통일을 목표로 한다. 그 다음은 심신(心身)의 맑음이다. 정신통일로 이룬 맑음은 전생의 업장(業障)을 해소할 수 있어 육신의 생성비밀을 발견할 수 있는 지혜의 힘으로 거듭난다.

불가(佛家)의 수행법이 마음공부를 전부로 하는 것과 달리 고신도는 몸공부와 기(氣)공부를 먼저 중시하고 그것을 토대로 하여 마음공부를 통하여 깨달음을 증득(證得)할 수 있는 인류최고의 수련법이다.

진정한 고신도(古神道)수행은 육신의 건강을 지키는 것은 물론 육신통을 넘어서 도(道)를 깨칠 수 있다. 그점을 유념하기 위해서는 우리들의 새로운 인식의 전환이 필요한 때이다.

집안에 생긴 우환이나 사업상의 난관(難關), 그리고 지긋지긋한 병고(病苦)에 시달린다 하여 절이나 교회 등에서 기도로 축원하는 기복(祈福)적 행위로는 다스리지 말아야 할 것이다.

육신의 고통은 영혼의 존재를 알리려는 신호임을 진정으로 받아들여 과학적인 사고에서 한걸음 물러나 전생의 인연으로 맺힌 카르마를 풀어주는 수행의 기회로 승화시켜야 한다.

그리고 이러한 사유(思惟)는 영(靈)을 두려워하는 무당의 짓거리가 아닌 우리 스스로 부처가 될 수 있고 하늘나라로 되돌아갈 수 있는 본성(本性)의 자리임을 확인해야 한다.
  여기! 누구나 신선(神仙)이 될 수 있는 길이 우리 앞에 있으니 이 뜨거운 화택(火宅)에서 한 걸음만 나오시구려.

5. 경혈이론(고신도 수련과정)

  정신계는 추상적이며 주관적이며 감성적으로 신비로 가득하다. 그러나 한의학의 경혈이론을 바탕으로 수련과정이 구체적이며 객관성이 있고 이성적이며 어쩌면 과학적이라고 말할 수 있다.

  古神道(선도)수련은 단전호흡으로 시작하여 단전호흡으로 끝난다. 그리고 '한의학의 경혈이론'과 길을 같이 한다. 먼저 단전호흡으로 집중을 유도하면서 정신통일을 경주한다.
  심신(心身)이 맑아지면 자연의 파장인 기(氣)를 느낄 수 있다. 바람은 눈에 보이지 않으나 나무 잎의 흔들림으로 알 수 있고 기(氣)는 집중의 정신통일로 살며시 다가와 경혈의 존재를 알린다.

  일반적으로 눈에 보이지 않는 정신계란 언제나 추상적이고 주관적이며 감성적이며 비과학적이 대부분이다.

그러나 고신도수련은 '한의학의 경혈이론'인 경혈과 경락의 기(氣)흐름으로 수행의 과정을 체험한다. 그래서 구체적이고 객관적이며 이성적이며 과학적이다.

황제내경은 약 2,000년 전에 만들어진 동양 최고의 의서(醫書)다. 전설적인 가상인물인 황제가 6명의 명의인 소문(素問)과 영추(靈樞)등과 함께 의학에 대해 토론한 문답으로 이루어져 있다. (현재 한의대에서 연구계승하고 있음)

이러한 고전의 의서(醫書)에 경혈과 경락의 이론이 처음으로 등장하며 세세한 도면과 함께 그 활용성과 치료점을 설명하고 있다. 경혈과 경락설은 인체 내의 기(氣)의 흐름을 설명한 생명의 열쇠다. 기(氣)의 발생과 순환루트로 인체는 360개의 경혈과 12개의 경락으로 구성되어 있다.

질병이란 경혈과 경락이 막혀서 생기는 것으로 서양의학의 근간인 세균학과는 별개다. 한의학의 기본은 기운의 흐름에 있다. 기운이 막히면 질병이 발생하고 기운이 왕성하면 건강하다. 어쩌면 예방의학의 자연치유력과 면역력에 대입하면 경혈의 의미를 쉽게 이해할 수 있다. 침술이나 약탕으로 경혈의 개혈이 질병의 치료점이 된다.

고신도(古神道)는 건강한 육신이 바탕이다. 건강하지 못하면 기운의 흐름에 장애가 생겨 집중할 수가 없다. 그래서 항시 똑바른 자세와 유연한 몸짓을 유지해야 한다. 물론 계(戒)를 준수하는 마음법의 바탕은 '홍익인간 제세이화'의 건국이념에서 잘 설명하고 있다. 정신통일은 심신을 맑게 하는 최고의 명상법으로 자연의 파장인 기(氣)가 그 길을 안내한다.

수련의 과정은 아래와 같다.

1. 소주천(전면부의 임맥과 후면부의 독맥유통)
2. 백회혈의 개혈
3. 대주천(온몸의 단전화)
4. 하늘의 소리, 관음(觀音)수련
5. 아즈나 챠크라 개혈(제3의 눈)

6. 백회를 열어라!

백회는 정수리에 있는 어린 아기들의 숨구멍으로 한의학의 응급처치혈이다. 단전호흡으로 맑음을 되찾으면 자연스럽게 백회혈이 가동되면서 자정능력과 함께 초자연계의 신비한 능력이 겸비된다.

갓난 애기들의 숨 쉬는 모습을 바라보면 평온함을 느낀다. 새록새록 잠든 귀여운 모습은 하늘아래 그 무엇과도 비교할 수 없는 평화로움이 사방으로 전파된다. 그런데 숨 쉬는 모습이 사뭇 다르다. 아랫배 전체가 불룩거리며 머리 끝 정수리도 숨결과 함께 리듬을 타고 소록소록 숨을 쉬고 있다.

백회는 백개의 경혈이 모인다는 일명 하늘의 문(天門)으로, 갓난 애기들의 머리 정수리에 위치한 숨구멍이다. 애기들이 성장하면서 하늘의 문인 백회혈은 서서히 막히며 하늘과 소통은 중단되고 대신 에고가 자리 잡게 된다. 어쩌면 에고가 싹트면서 백회가 막힌다는 표현이 맞을 수 있다.

　　수행은 집중의 정신통일이다. 그리고 한 걸음 나아가 관(觀)의 완성이다.
　집중이 의식의 흐름이라면 관(觀)은 의식이 '있는 것도 아니요, 있지 않는 것도 아니다.'
　집중이 곧 관(觀)이 아니지만 집중을 통하여 관(觀)을 완성할 수 있다.

어찌 보면 관(觀)은 집중의 엑기스라고 표현할 수 있다. 집중은 기(氣)를 체험하고 관법은 기를 모을 수 있다. 관(觀)은 단전에 축기를 완성하여 임,독맥에 기운을 자연스럽게 보내면서 소주천이 시작된다.

그 다음이 백회의 개혈이다. 그 시기는 개인의 능력(영혼의 등급)에 따라 차이가 있지만 상근기일지라도 대략 십여 년의 세월이 소요된다. 그러나 앞서가는 스승을 만날 수 있는 행운이 있으면 불과 백일 만에 이룰 수도 있다.

백회의 개혈은 온 몸을 단전화 하기 위한 대주천의 시작점이다. 의식(意識)으로 하는 단전호흡이 수동적이라면 백회의 개혈은 자동(自動)에 비교할 수 있다. 마치 더운 여름날, 손 부채질로 몸을 식히다 리모컨으로 에어컨을 가동시켜 냉방을 유지하는 것과 같다.

백회의 개혈은 행주좌와 어묵동정(行住坐臥 語動靜)을 가능케 한다. 어느 시간, 어느 장소에서도 하늘의 기운을 만끽할 수 있다.

백회의 개혈은 수행자가 생로병사의 물줄기에서 벗어남을

의미한다. 백회가 개혈되면 세포의 늙음이 중단되며 지병(持病)이 서서히 근치되면서 고급수행자의 반열에 들어선다.

물론 이곳이 수행의 종착점은 아니다. 이제 시작점에 불과하다. 기운이 충만하여 맑음이 지속되면 그 다음은 하늘의 소리, 관음(觀音)이 수행자를 기다리고 있다. 관음(觀音)은 업장소멸을 주도하면서 수행자 스스로 그 길을 찾아 '무소의 뿔'처럼 혼자서 갈 수 있게 한다.

그러나 백회혈이 중요하다해서 자기 최면이나 의념수련으로 개혈을 유도해서는 절대로 안 된다. 물론 그리한다 해서 백회가 개혈되는 것도 아니지만 어떤 감응은 있을 수가 있어 착각하기가 쉽다.

두뇌는 인체의 사령부로써 만약 두뇌에 문제가 발생하면 그 후유증은 매우 심각하다. 백회는 기운이 충만 되어져 맑음이 일정수준이 진행이 되면 자연스럽게 저절로 개혈이 된다.

또 불가(佛家)의 진언이나 관세음(觀世音)정근 역시도 아니다. 혹 그들이 어떤 작은 감응이나 신비한 체험을 줄 수는 있지만 그것은 일회용일 따름이다.

이는 마치 환각제로 신비를 체험하는 것과 같고 진통제로써 통증을 일시 무마시키는 이치와 다름이 없다. 그런 신비감과 감성(感性)은 오히려 역에너지를 불러와 접신이 되고 빙의령의 온상이 될 수도 있다.

그럼 어떻게 수행을 해야 할지 의문에 빠진다.
단전호흡은 수식관으로 집중을 유도함을 원칙으로 한다. 그리고 관법(灌法)은 〈금강경〉의 응무소주 이생기심- '머무르지 않고 내는 마음'으로 보아야한다. 이것은 마치 '배부른 사자가 얼룩말 보듯'이다. 무엇을, 어떻게 보는 것(觀)이냐가 최대 관심사다. '간화선의 화두'도 아니요, '남방의 위빠사나'도 아니다. 그 해답은 묘촉(묘한 촉감)에 있다.

졸저를 읽은 수행자는 묘촉의 의미를 알겠지만 부연 설명하면 경혈의 개혈에서 나타나는 기운의 움직임과 경혈의 막힘에서 느껴지는 답답함이 신체의 각 부위에 따라 느낌이 들어난다. 손바닥의 노궁혈은 뜨겁게, 발바닥의 용천혈, 두정의 백회혈은 시원한 감이 맴돈다. 가슴은 답답함으로 나타나는 바 이것은 전생 업장의 드러남이다.

초심자는 손바닥 노궁혈의 기감(氣感)이 묘촉의 시작점이며 가슴의 답답함은 백회가 열린 후에 나타나는 전중혈의 막

힘이 묘촉이다. 자세한 것은 졸저로 대신한다.

　많은 수행자들이 십수년을 매진해도 불가능한 백회개혈을 어떻게 백일 만에 개혈이 가능한지 물어 옴은 당연한 일이다. 본인 역시도 십오 년간 용맹정진 후 간신히 개혈을 확인한 정도였으니까…
　그 이유는 첫 단추를 잘못 끼운 탓이다. 셔츠의 첫 단추가 잘못되면 마지막까지 에러의 연속이 된다.

　수행자들이 질문을 봇물처럼 쏟아 놓는다. 미로의 여정에서 만나는 수행의 과정과 현상들이 많은 궁금증을 일으킨다. 이렇게도 물어오고 저렇게도 되물어 온다.

　그러나 해답은 간단하다.
　"본인의 수행법이나 혹은 수행 중에 일어나는 현상들이 자연스러우면 정법(正法)일 것이고 자연(평범)과 대치되면 사법의 에너지임에 틀림없다."

　영추 해론편에는 "순조로움을 얻는 자는 살고 거슬림을 얻은 자는 패한다. 조화를 아는 자는 이롭고 조화를 알지 못하는 자는 해를 받는다."고 말하고 있다. 〈황제내경 중에서〉

7. 본성(本性)

하늘의 이치(眞理)가 내 몸에 내리면 본성이 된다.
견성(見性)이란 깨달음으로 법력이며 통찰력이다.

진리(眞理)의 리(理)가 하늘의 이치다. 하늘의 이치가 내 몸에 내리면 본성(本性)이 된다. 하느님이 내 몸에 내리면 성령이 되는 것과 같다. 하늘의 이치가 우주창조의 법칙이며 자연의 흐름이다.

동양철학은 인간은 소우주라 하고 기독교에서는 인간을 창조할 때 하느님을 본 따 만들었다고 한다. 하지만 이론으로는 이해가 되나 마음속으로는 영 믿기지 않는다.

그래서 석가 부처님의 위대성이 여기에 있다. 이론으로만 존재할 것 같은 하늘의 이치인 본성(本性)을 6년의 고행 끝에 실제로 찾은 것이다. 그 곳은 현실세계와는 또 다른 절대계로 불생불멸, 불구부정, 부증불감의 세계다. 이것이 깨달음이다.

헌데 깨달음의 길을 팔만사천경으로 설명하지만 그 누구도 이곳이 깨달음이라고 자신 있게 말하는 이가 없다. 그 이유는 무엇일까?

첫 번째가 진리를 문자와 말로써 설명하기 때문이다. 형이상학을 말과 문자로 설명하는 데는 분명 한계가 있다.

문자의 미비성도 문제가 되지만 그 보다 더욱 심각한 것은 문자의 확대해석에 있다. 문자의 사용에서 시작되어진 수행의 오류는 참으로 심각하다. 그래서 옛 조사들은 '어기십성(語忌十成) - 전부를 말하는 것을 금함'을 강조한다.

두 번째가 교회주의자들의 등장이다. 부처님과 예수님시절에는 지금처럼 사찰과 교회가 난무하지 않았다. 교회주의자들의 근간은 기복신앙이다.

빌고 빌면 부귀영화가 눈앞에 나타난다고 모두들 빌고 또 빈다. 모두들 빌고 빌면 일류대학에 낙방할 수험생이 아무도 없을 것이며 부자가 안 될 사람은 한 사람도 없을 것이다. 결국 교회란 대중을 위한 방편일 따름이다.

세 번째가 업장을 소멸하는 방법을 모르기 때문이다. 사찰이나 교회에서는 선행(善行)과 보시가 업장을 녹일 수 있다며 선업(善業) 쌓는 것을 지상과제로 삼는다.

또 불사(佛事)에 참여하고 교세(敎勢)를 널리는데 기부하는 것이 최고의 선(善)이며 그래야만 업장도 소멸되고 복을 받는다고 강조한다.

하지만 이것은 대중을 위한 중생법에 불과하다. 고급수행자의 보림공부는 악(惡)도 놓아야 하며 선(善)도 놓아야 한다.

더 중요한 것은 반드시 카르마(業障)를 지울 수 있는 힘인 맑음을 길러야 한다. 맑음은 자연의 원래 모습이다. 티 없이 맑은 어린이를 보라!

수행자의 맑음이 어린이를 닮아갈 때 자신의 본래 모습(靈肉)을 간직할 수 있다. 그러면 맑음은 어떻게 해야 얻어지는 것일까? 그것은 곧 정신통일에 의해서다.

다시 말하면 수행자들이 깨달음을 얻지 못하는 가장 중대한 이유가 업장소멸의 중요성을 놓친 탓이다. 업장을 인식하고 그것을 녹이는 작업만이 깨달음에 한발 다가서는 유일한 길이다. 그럼 업장을 녹이는 비결은? 오직 맑음뿐이다. 첫째도 맑음이요, 둘째도 맑음이다.

모든 종교가 신비로움과 추상적 또 주관적이며 감성에 호소하는 것에 비하면 고신도 수행은 경혈이론을 토대로 하여 구체적이면서도 객관적이며 또 이성적이다.

집중의 정신통일은 심신을 맑게 한다. 맑음은 기운의 흐름을 감지하고 경혈의 개혈을 체험하게 한다. 경혈을 막고 있는 역에너지는 업장의 부산물이다. 견성(見性)이 어려운 것은 본성을 막고 있는 단단하게 굳어진 업장의 티끌 때문이다.

수행의 핵심은 업장소멸이다. 앞서가는 스승만 만날 수 있다면 누구나 단시일에 견성(見性)이 가능하다. 만약 그들을 새로 만들거나 찾아야한다면 십년이 아니라 평생을 투자해도 불가할 것이나 이미 만들어져 있는 본성(本城)이기에 가능한 일이다.

스승의 역할은 그곳에 묻어있는 업장의 때를 씻어주는 맑음의 역할이기 때문이다. 맑음과 깨달음이 한 선상에 있다는 것은 맑음은 업장을 녹여 마침내 본성을 만날 수 있게 하는 법력인 까닭이다.

어찌 제 성품이 본래 청정함을 알았으리까
어찌 제 성품이 본래 나고 죽는 일이 없음을 알았으리까
어찌 제 성품이 具足함을 어찌 알았으리까
어찌 제 성품이 본래 흔들림이 없음을 알았으리까
어찌 제 성품이 능히 만법을 냄을 어찌 알았으리까

8. 고신도(古神道)만이 업장을 소멸할 수 있다.

종교의 마음공부와 달리 몸공부, 기공부 그리고 마음공부의 3박자가 갖추어질 때 건강과 젊음을 그리고 행복을 찾을

수 있다.

가까운 친구나 친척의 안타까운 죽음을 맞이할 때면 인간의 연약함과 무기력함에 그만 털썩 주저앉게 된다. 죽음은 인간이 상대하기에는 너무나 힘겨운 상대라 지연시킬 방법도 없고 달아 날수도 없다.

"인간은 어디에서 왔다가 죽은 후에 어디로 가는 것일까? 도대체 나는 왜 태어났을까? 인간으로 태어나는 것만이 정말 행운이었을까? 혹은 나는 누구인가? 과연 윤회란 있는 것인가?" 이렇게 가지가지의 망상이 꼬리를 물고 일어나면 상념은 점점 미궁의 늪에 빠지게 된다.

생로병사(生老病死)의 강줄기에서 죽음의 의문을 풀어낼 수 있는 해답이 곧 수행이며 신(神)의 영역으로 종교의 시작이다.

석가 고타마가 보리수아래서 깨달음을 얻어 부처님이 되셨고, 나자렛 예수가 황야의 40일간의 고행의 길목에서 하느님의 자랑스러운 아들인 그리스도로 거듭나셨다.

만물의 창조주이신 하느님이 인간을 만드실 때 하느님의 모습을 본(本)따서 그대로 만들었음을 성서(聖書)는 전하고 있다.

그리고는 '우리 몸 안에 성전(聖殿)이 있고 그 안에 하느님이 거(居)하시고',

'인간은 누구나 부처님이 될 수 있는 불성(佛性)을 가지고 있음'을 친절하게 설명하신다.

허나 인간의 생각으로 내 몸 안에 하느님이 거하신다는 확신이 서지 않는 것은 당연한 것이다. 누구든지 영원한 생명보다는 눈앞의 이익이 먼저 떠오르고, 영혼의 속삭임 이전에 육신의 유혹에 먼저 몸과 마음을 움직이게 된다.

불전(佛典)에 의하면 인간이라면 누구나 성불(成佛)할 수 있도록 만들어져 있다.

과거불도 천불이요, 현세불도 천불이라, 미래 겁에도 천불(千佛)이 나오심을 경전에서 설명하는 것은 성불(成佛)의 의미를 새삼 전하는 것으로 해석해도 좋을 것 같다.

그러므로 이곳 지구의 생활이 성불(成佛)의 학습장으로 쓰여 지고 있음을 먼저 확신해야 한다.

더구나 우리는 나라에서 본래부터 전해오는 수행법이 있으니 그것이 바로 현묘지도인 고신도(古神道)다.

고신도란 신선도의 옛 이름이다. 신선(神仙)은 불로불사(不老不死)의 상징이며, 살아있는 신(神)의 우두머리이며 성인

(聖人)중의 성인이시다.

고신도 수련은 생자필멸의 법칙을 초월하여 나고 죽음이 없는, 시작도 없고 끝도 없는(無始無終) 신선이 되는 길을 명확하게 일러준 비기(秘技)인 것이다.

그 어떤 종교나 철학의 논리를 능가하며 인간의 근본무명인 업장(카르마)을 소멸함으로써 사람으로 하여금 스스로 해답을 얻을 수 있도록 하는 인류역사상 유일무이한 수행법이다.

그러나 너무 평범한 수행법으로 오인되어 모르는 이도 없고, 그렇다고 특별히 아는 이도 없는 무주공산의 도법(道法)으로만 전해온다. 그렇지만 그 위력은 타(他)종교의 어떤 수행과도 견줄 수 없는 맑음의 신통력과, 공(空)의 도리인 '홍익인간과 제세이화'의 원대한 왕국이 자리 잡고 있다.

인간의 삶이 종족보존의 사명을 짊어진 탓에 가정(家庭)은 필수이며, 생활비도 벌어야하고 그러기 위해서는 사회성을 발전시켜야 한다. 사회성이란 곧 시간과의 조율이다. 사회성을 높이기 위해서는 산중생활이나 기도만 하는 수도원에서는 불가하다.

그런 연유로 재가(在家)수행자는 항상 마음속에 한계를 가져 재가자로서 견성득도 한다는 것은 불가능함을 항시 아쉬움으로만 토로하게 된다.

그러나 고신도(古神道)수련은 생활 속의 도(道)로써 생활이 곧 수행이며, 깨달음의 연속이 된다. 육신의 한계와 생로병사의 강물에 내동댕이쳐진 허약한 모습이 아닌 활기로 가득 찬 강건한 수행자가 될 수 있다.

근자의 신문에 경찰고위직의 한 분이 불가(佛家)에 귀의를 목적으로 명예퇴직을 신청하였다하여 장안의 화제가 된 적이 있었다. 이 몽진 세상에 들리는 청량한 소식이 아닐 수 없다. 장래가 보장된 직책도 마다하고 출가를 결심한 비장한 구도심(求道心)에는 머리가 숙여지는 듯하나 알고 보면 하나만 알고 둘은 모르는 우(遇)를 범하는 것 같아 안타까운 마음이 든다.

출가의 목적이 집을 떠나고 싶은 도피가 아니라 본인의 깨달음에 있다 할 것 같으면 진리를 찾아가는 방식에 다소 문제가 있지 않나 생각한다.

왜냐하면 깨달음을 위해서는 출가(出家)가 우선이 아니라 수행이 먼저이며, 또 수행의 근본목적은 불경의 독파가 아니라 바로 견성득도(見性得道) 이기 때문이다.

그리고 그 길의 과정에는 기존의 상식을 뒤엎는 업장소멸이라는 상상 못할 엄청난 난제가 기다리고 있다는 것이다.